金儲けが日本一上手かった男
安田善次郎の生き方

金儲けが日本一上手かった男　安田善次郎の生き方

はじめに

一二年前に大倉喜八郎の伝記を執筆した際、安田善次郎と彼とは丁稚小僧時代に知り合ったことから交際がつづき、しかも二人とも徒手空拳でゼロから事業を起こして巨大企業グループをつくりあげたこと、二人の性格は正反対で絶えずライバル同士に見られていたことなどを知った。

大倉は「陽」で派手好み、冒険好き。他方の安田は「陰」で地味、石橋を叩いて渡る男と理解していたため、「安田は面白くない。とても書く気がしない」と友人に語ったりしていた。しかし、世間の常識が示すそのような印象は、事実とは相当かけ離れているのではないか。本当は彼こそ明治以来の資本家、経営者の鑑と言っていい、傑出した経済人だったのではないか——次第にそう感じるようになっていった。

大倉喜八郎のあとも、三井の中上川彦次郎、関西財界の雄・藤田伝三郎、銅山王の古河市兵衛ら、天才的な経営手腕を持つ人物を描く機会を持ったのだが、その過程で、そうした考えは次第に確信へと変わっていった。

現在の銀行は、破綻だ、統合だなどと危なっかしい話題に事欠かないが、危うくなれば政府が税金を投入してくれる、実に安定した商売である。しかし、明治・大正期は下手をすれば簡単に破綻し、再生などは不可能だった。金を貸すということは今と違って大変な冒険だったのだ。にもかかわらず、彼は抵当でなく人物を見て貸すことを信条とした。それでいてほとんど失敗することがなかった。

その天才的な経営手腕に感嘆して、同業の銀行家たちは、破綻の危機に遭うと安田に泣きつき、救済を頼んだ。彼が「自分の力では無理」と断っても、政府の首脳までもが乗り出し、半強制的に救済・再建を善次郎に要請した。

彼が「銀行王」と呼ばれ、多くの銀行をその系列下に擁していたのは、力にまかせて吸収合併していったからではなく、ほとんどは、右に述べた破綻銀行救済による自然増だったのである。

彼の死後、系列の諸銀行は「安田銀行」一本に合同したが、そのとき、当時の五大銀行である「三井」「三菱」「住友」「第一」「安田」の貸出し金合計額の、実に四一パーセントを、安田銀行の数字が占めていた。


彼の経営方法も実に独創的だった。

特定の巨大企業グループを「財閥」と呼ぶようになった昭和のはじめ頃、規模からいえばその順序は「三井」「三菱」「住友」「安田」「大倉」「古河」だった。その経営方法は、前三者を「集団指導的」、後の三者を「ワンマン的」と分けることができるが、同じ「ワンマン的」でも、「大倉」や「古河」が数人の大番頭に一任してのワンマン・コントロールだったのに対し、安田のそれは大番頭に任せずに主人自らすべてを指揮する、絶対的ボス支配だった。

さらに特徴的なのは、総指揮官である自分に従順であるべき立場の頭取や社長の座に、原則として安田一族を配置しつづけたことである。

彼は、自分の息子がまだ成人していない明治二〇（一八八七）年、安田銀行の資本金を管理する目的で「（安田）保善社」を結成。それまでに築きあげた資産を安田一族（養子、実子、妹の家など一〇家）で守りつづけるシステムを確立させた。この組織は、彼の死後も安田系企業の本社として機能し、解散する昭和二一年まで五九年間つづくのだが、実はその最終地点でもなお「株式会社安田保善社」の株主は、息子や孫たちなどの安田一〇家が占め、安田銀行会長、取締役、監査役などをそのうちの三家が担っていたのである。

近代的な経営と家族主義との両立は難しいはずである。しかし、安田善次郎はこれを実現させて巨大企業グループをつくり上げた。この事実は大いに注目すべきことではないか。

また善次郎は、知識、教養が豊かだったとともに理論家で、体験に基づいて自らの経営哲学を体系づけ、資本をどう蓄積すべきか、商売の根本的なコツとは何かといった経営理論を次々と発表した。

明治末から大正半ばまでに出版された、今でいえばハウツウビジネスものの彼の著書は、

『富の活動』

『富之礎』

『克己実話』

『意志の力』

『出世の礎』

『使ふ人使われる人』

『勤倹と貨殖』

『金の世の中』

と八点を数える。彼は単なる経営者ではなく、経営の方法を教える啓蒙家でもあったのである。


剣道や乗馬、謡曲や茶の湯に至る趣味の幅広さにも感心させられる。中でも一番の趣味は旅行で、「全国で足を踏み入れない土地はない」と自慢していたほど、頻繁に旅をしていた。しかし、彼の場合、それは単なる趣味に留まらず、銀行経営に必要な現地調査を兼ねた、多目的旅行がほとんどだった。

多くの系列企業をかかえて多忙を極めていたはずのグループのトップに、どうしてそんな余裕

があったのか。常識的には疑問をおぼえるが、無駄を省いて時間を有効に使えばそれが可能であることを、そのユニークな生活行動は教えてくれる。

経営の第一線で陣頭指揮をとりながらも、原則として、帰社して以後の付き合いはせずに、一般行員より早めに帰宅して家族と夕食をともにするのを常とした。この時代に早くもマイホーム主義を実践していたわけで、その先進性にも驚かされる。

大正一〇年、善次郎が満八三歳を迎えようとしていたとき、彼は突然にその生涯を終えることになる。それは暗殺によるものだった。

政治家でもない彼がなぜ暗殺されたのか——。このとき、一部の新聞は「守銭奴」と名指しし、理由を「資本家の搾取」と結びつけようとした。しかし、彼が社会公共への寄付をむしろ積極的に実行していたという事実は、これから本編で詳しく述べさせていただくとおりである。「儲けたお金は社会公共のためにも拠出する」ことを実践した資本家としても、特筆すべき人物だったのである。

今から百年前の明治四〇年、全国の鉄道が国有だった時代に、善次郎は、東京－大阪間を六時間で走る「夢の超特急電車計画」を実現すると発表した。そして、当時のお金で一億円の敷設資金すべてを単独で出資するという、この事業の許可申請を政府に提出した。

電気機関車自体がまだ珍しかった頃の、途中の停車駅がわずか三つというこの構想は、東海道新幹線が実現する五七年前だったことを考えれば、全く奇想天外な話に思えてくる。結果は不許可に終り、実現は見なかったわけだが、この事実から、彼が国家的な巨大事業にどれほど強い投資意欲を持っていたかが、はっきりする。

今年で生誕一七〇年になる、この類まれな経済人の実り豊かな生涯を、ぜひとも知っていただきたいと思う。

本文には触れなかったが、内容の大部分は『安田保善社とその関係事業史』（昭和四九年）に準拠している。この本をまとめられた関係者の方々に、心から感謝したい。また、本づくりの過程で、安田不動産株式会社の総務課長・田口明彦氏および同社顧問で学校法人安田商工教育会理事長の安田弘氏には大変お世話になった。心から御礼申しあげる次第である。

二〇〇八年三月

著者

第一章

突発的終焉——その死はどう語られたか？

大磯・安田別荘の惨劇

大正一〇（一九二一）年九月二六日の夕方、年の頃は三〇過ぎ、白のちぢみの浴衣《ゆかた》に絽《ろ》の羽織を引っかけ、セルの袴《はかま》をはいて、麦藁《むぎわら》帽子をかぶり、手に赤いカバンを提げた男が、神奈川県大《おお》磯町山手《いそまちやまて》の長生館《ちょうせいかん》にやってきて、「今晩泊めてほしい」と宿泊を求めた。

男は宿帳に「東京神田区小川町三七　弁護士風間力衛」と書き、通された二階の四号室に一泊。翌二七日の午前一〇時頃、すぐ近くの天王山にある安田善次郎の別荘に行くと言って出かけた。

しかし、面会を求めたが「先客があるから」との理由で拒否されたため、風間なるその男は長生館に帰り、その夜は酒を三本飲んだうえ詩吟をやったりして一一時頃に寝た。

そして翌二八日、男は午前八時四〇分頃に宿を出、再び安田邸に赴いて面会を求めた。応対に出た書生の高梨茂雄は、主人の意を受けて「明日、東京の保善社で面会しますから、今日は帰って下さい」と断った。しかし男が「明日も今日も同じことじゃないか。なんとか会わせてくれ」とねばるので、奥座敷で新聞を読みながら様子をうかがっていた安田善次郎は、「それじゃ会おう」と承諾してしまった。

十二畳敷きの応接間に案内された男は、女中のつる（一九歳）がお茶と煙草盆を出して間もなく、善次郎がやって来るのを待って、庭に面した縁側廊下のテーブルに対峙する形で、善次郎とは反対側の籐いすに座った。

二人は三〇分近く話をしていたが、九時三〇分頃、女中のつるは突如主人の悲鳴を聞いた。以下は『東京日日新聞』（現『毎日新聞・東京』）に語った彼女の話である。

「突然、キャッという声がするかと思う途端、ドタバタと物凄い音がしましたので駆け付けてみると、男は北の庭先に逃げ出した旦那様を押し倒し、短刀逆手《さかて》に咽喉笛を突き刺しましたところですから、私は大変だ、大変だと大声をあげて茶の間へ逃げ込み、大勢の女中と再び引き返してみましたら、件《くだん》の男は血潮の滴《したた》る短刀を振上げて、騒ぐと殺すぞと怒鳴りつけましたので、私どもは恐ろしさに再び逃げ去りました。その隙に男は応接間に上がり、西洋の剃刀《かみそり》で咽喉笛を見事にただ一刺しに掻き切り、俯向《あおむ》けになったまま縡《こと》切れました。何か印刷した紙片が散らばっておりましたが、警察の方がお持ち帰りになりました」

女中の言った印刷物とは、「労働ホテル建設趣意書」その他の書類だった。犯人は安田の心臓と左肺と前額部を突いたのだが、庭に逃げられたので敷石の上でさらに咽喉部を六センチに達するほど刺し、その死を見届けてからカミソリで喉をかっ切って自殺したのである。

号外を見て、東京でこの凶行を知ったサラリーマンの奥野貢《おくのみつぐ》は、犯人は風間とかいう弁護士ではなく、友人の朝日平吾《あさひへいご》に間違いないと確信した。そこで、一週間ほど前に「旅行に出るから預かってくれ」と朝日から託されていた紙包みを開けてみると、斬奸状《ざんかんじょう》(犯行声明)と、内田良平、*1北一輝、*2藤田勇*3の三人に宛てた九月二〇日付の遺書三通が入っていた。

内田と北は右翼系の著名人。藤田は左翼系の新聞である『東京毎日新聞』の社長である。

この新聞は、日本で最初の邦字新聞とされる『横浜毎日新聞』を前身とし、紙名が『毎日新聞』だった頃には田中正造*4を徹底して支持し、日露戦争にも強力に反戦を唱えるなど反権力的色彩が強く、発行部数は少なかった。経営者も次々に変わり、昭和一五(一九四〇)年には『帝都日日新聞』に吸収されて廃刊しており、現『毎日新聞』とは何の関係もない新聞である。

「これは大変だ!」と思った奥野は、すぐ通信社に連絡し、預かった包みに朝日の写真もあったので、やってきた記者たちに複写撮影をさせ、斬奸状をメモさせたうえで、警視庁に出頭して届け出た。藤田邸には遺書を持参し、内田と北の二人には新聞社から遺書を送ってくれるよう頼んだ。

九月二九日付の『東京毎日新聞』(マイクロフィルム)には、「本社社長への遺書」「激越を極めた彼の富豪に対する反感」の見出しで、藤田勇に宛てた朝日平吾の遺書が載っている。しかし、肝腎の斬奸状はない。実は、掲載はされたが発禁処分を受け、その新聞もすべて没収されたのである。もちろん、他紙も同様だった。

しかし、当局の目をうまくごまかしたのかどうか、『大阪毎日新聞』(『毎日新聞・大阪』の前身)は「現場を臨検した一警察官に聞いた」話として、斬奸状の大意は以下のようだと報じている(九月三〇日夕刊)。

「奸富《かんぷ》(悪徳富豪)みだりに私欲に眩惑し、不正と虚偽の辣手《らっしゅ》(辣腕)を揮《ふる》って巨財を吸集し、なんら社会公共慈善事業を顧みず、人類多数の幸福を壟断《ろうだん》(ひとりじめ)し、ために国政乱れ国民思想悪化せんとす。奸富今や国民の怨府《えんぷ》(うらみの中心)となり、天人ともにこれを許さず。ここに天に代ってこれを誅《ころ》す」

同日の『東京朝日新聞』夕刊は、斬奸状は発表できないが、内容は「今日の政治は富豪政治である。民衆政治でなければならない」というものだと報じている。

遺書は自殺の一週間以上前の九月二〇日付になっており、新聞各紙に載った彼の写真は、九月一二日に本郷の松村写真館で撮られたものだった。新聞発表のことも計算に入れた計画的な自殺

富豪安田善次郎翁大磯別邸で刺殺さる

犯人も其塲で自殺を遂ぐ

辯護士風間と詐稱し勞働ホテル建設費の寄附を求めに行き拒絶されて兇行に及ぶ

大磯天王山別邸に滯在中の富豪安田善次郎翁(八四)は二十八日午前九時二十分頃本館日本造の十二疊の建物内にて東京市神田區小川町三七辯護士風間某と詐稱する一怪漢の爲めに刄渡り八寸餘の短刀にて斬り付けられ面部に二箇所、右胸部に突き傷を負ひ其塲を逃げ出したるも廊下より庭先に轉び落ちし處を兇漢は尙も追ひ縋りて咽喉部に止めを刺し其の絶息せるを見濟まして兇漢も亦應接間に上り込み件の短刀と西洋剃刀を以て咽喉部を突き刺し自殺を遂げ附近一面鮮血に染み慘狀を極む

二通の遺書を懷中せる兇漢

急電に接し邸内は上を下への大混雜、直に二門に對し夫れ〴〵急報したが善次郎氏方の書生は語る『別に風間と云ふ人は當家を訪ねられた事もなく大磯へ行つて居つたかどうかも一向解りません、何等か仕事の上の關係があるのかも存じません、御主人は奥様と御二人で八月上旬から大磯の別莊に行かれ時偶御用事で歸京されて居りましたが其の間の事情も一切解りかねます』

風間辯護士吃驚して語る

微恙の爲め自邸に臥床　名を騙られて飛んだ災難だと迷惑顔

犯人は辯護士風間力衛と名乘つて面會を求めたのだが當の風間氏は二十八日は朝から牛込區鶴巻町一一二の自邸で微恙の爲に臥床して

組織し　後日本銀行監事に就任したこともあり現在は安田銀行顧問、百三十銀行監督、肥後銀行監査役其他大日瓦斯、東京建物

自らは養子善三郎氏に總てを委ねて引退して居るが如く見えるが善次郎氏が最近引退の實を擧げ善次郎氏實子善之助氏の勢力扶殖と共に老軀尙矍鑠として總ての實權を握り昨年來の財界

恐慌にも『安田家だけはビクともしない』で噂いてゐた因に夫人ふさ子(　)も健在し實子善之助、善五郎、眞雄等各分家獨立して居る

嫌疑方面

警視廳へは大磯からまだ何の通知もないが、安田家は平生から過激分子の各團體から目をつけられて居る處へ、過般同家が脫税目的の保善社風のものをこしらへる目的で百萬圓の寄附をした時、同家を訪うて詰問した某團體の人間がある、或はこの者が僞名しての所爲ではないかとは某方面の有力な手掛りとする處である

捜査方針

加害者は一昨日長生館に投宿と同時に明かに辯護士風間力衛と自筆を以て宿帳に記入して居る點から大磯署では風間辯護士を知る者に相違ないとの見込みで極力身許調査を行つて居るが長生館主人等は今尙風間信一氏卽ち力衛氏と信じて居る（大磯電話）

改めて京城で勢揃ひして長春へ

第二日飛行は故障機太刀洗到着後開始　小澤氏廣島を出て又引返す

所澤長春間の大飛行の第一日は樋口氏の目的地太刀洗に到着したのみで他は故障頻繁のため失敗に終つたが第二日の飛行は揖保川原の依田氏と廣島の小澤氏とが太刀洗に到着後開始さるゝ豫定で依田氏は目下故障現場でアストラボンプの試驗中又小澤氏はガソリンを

二日目飛行の出發期日は朝鮮海峽横斷の難路があるため氣象觀測の結果でなければ決定せぬが京城に到着後は今田中操縱の豫備機も參加し同地から四機編隊で長春に向ふ筈である（所澤電話）

赤ん坊審査會

東京　ら　士　式　午　判所　の　を　次　ひ　自　は　す　不　然　認　る　か

云々　小學　二圓　小　居る　三の　の賞

「から是非面會をせよ」と強要せしより安田翁も遂に面會せるものにて惨劇現場の机上に勞働ホテル建設趣意書の散亂し居るより見れば多分同建設に寄附の贊成を求めしも意志貫徹せざるより此の兇行に及びしもの、如く懷中には遺書二通を所持し居りしと、尚急報に接し横濱地方裁判所より判檢事出張現場臨檢を行ひつゝあり（大磯電話）

本邸内の大混雜
家族悉く大磯急行、

本所横網の安田氏本邸を訪へば遺族何れも大磯へ急行し留守居許り 次郎氏宅も裏手の善五郎氏宅も家で模樣は判らぬが今朝大磯からの

刺殺された善次郎翁

のには全く關係して居ない」と語つた

北陸出身の一代富豪
隱然實權を握つてゐた

從六位勳三等安田善次郎翁は天保九年十月越中富山の貧武士の家に生れ今年八十四歳である、安政三年志を立てゝ江戸に出て安田商店を起し兩替業を營んだが、次第に發展して遂に安田銀行を

全國教育界の大波瀾
調査會が不當決議の形勢に
蜂の巣を突いた樣な大騷ぎ
來月一、二日の反對大會

臨時地方教育費調査會に於て千五百萬圓程の教育費を節減する爲め三學級二教員制度若しくは二部教授の奬勵乃至校舍の併合等を斷行せんとするの件を決議せんとするの形勢あり江木千之氏が極力此消極説を主張して居るので青山師範の瀧澤校長や本郷小學の松下專吉氏等が反對しても到底

勝算

なく二萬八千の全國小學教員中の一割方は馘首さるべき運命に陷らんとして居るが之を聞いた全國の教育家、市町村當局は何れも愕然として眼を瞠り日本の教育界は將に蜂の巣を突いた樣な騷ぎが始まらうとして居る、帝國教育會では來る十一月一二兩日同會に於て臨時全國聯合教育會大會を開き

百餘名

の代表者が集まつて右節減問題に對し全國各地の事實上の統計と實際上の經驗から割出した最も適切なる研究に基いて大に反對の烽火を擧げんと意氣込んで居る、又下中彌三郎氏等の教育擁護同盟でも盛んに反對の材料を蒐集しつゝあり更に東京府教育會、東京市教育會でも帝國教育會の此擧に對して

大々的

に應援する事に内定して居るし其他同樣の態度に出る教育團體は尚續々出現する模樣

驚くべき暴論
江木氏が短見から唱へ出した時代遲れの施設
某教育當局談

刺殺事件を報じた『東京朝日新聞』（大正10年9月29日夕刊）

だとわかる。だから世間は、今日の自爆テロに似たこの自殺にはむしろ同情的だった。

通夜は藤田勇邸で、告別式は大塚の西信寺で挙行され、この寺の墓地に埋葬された。費用の相当部分は藤田が自弁した。これらの葬儀には、何百名という会葬者があり、特に労働団体の人々が数多く列席した。

新聞を見て各地から寄せられた手紙やハガキの中には、こんな短歌も混じっていた。

「朝日かげ　曇れる空に　輝きて　よもの草木の　恵みとぞなれ」

藤田勇が率いる『東京毎日新聞』は、最初から善次郎に批判的で、第一報の書き出しは、「一代の守銭奴として衆怨《しゅうえん》の的となった安田善次郎氏（八四）は…」だった（九月二八日）。翌二九日付には、さらにはっきりと次のような見解を表明した。

「刺客朝日氏が善次郎氏を殺害するに至ったその動機は、社会事業に対する善次郎氏の冷酷無情なる守銭奴的態度に憤激した結果であるらしい」

「刺客朝日氏が社会主義的思想を抱懐《ほうかい》していなかったとしても、その結果いかなる刺激を与えるかは、けだし興味ある問題ではあるまいかと、某政客は語った」

他の大新聞もまた、殺された安田善次郎の方にやや辛い点をつけていた。

たとえば、九月二九日の『東京朝日』には、財界の大御所・渋沢栄一[*5]による次の談話が載っている。

「（安田が）その金力と勢力を今少し国家のために用いてくれたならばと、痛切に感じさせられることがあります」

同じ日の『読売新聞』にも、少年時代からの知り合いで、ともに大企業グループをつくった大倉喜八郎[*6]の談話が、次のように掲げてあった。

「どうせあの人のことだから、（事件は）金の問題だろう。なにしろ、昔から普通に話している間はしごく穏やかな面白い所のある人だが、ちょっとでも金のことになると、まるっきり、オヤオヤと驚くぐらい人が変わる。若いときから勤勉力行一点張りで、道楽といえば金を貯めるぐらいなもの……」

時の総理大臣・原敬[*7]も、「安田善次郎大磯にて朝日某なる凶漢の為に殺さる。……安田は世間に同情もなき男なれども……」と渋沢らに近い見方を日記に書いている（九月二八日）。

東京駅で原が暗殺されたのは、その直後の一一月四日で、犯人の中岡艮一《こんいち》（一七歳）は、朝日平吾の行動に感激して凶行に及んだ、とされている。

殺害動機は社会への不満、うっぷん晴らし

しかし、もしこのとき、新聞各社が朝日平吾の過去をよく調べ、また安田善次郎の実像をよく把握したうえで報道していたら、世間の反応はずっと違ったものになったはずである。

特に朝日に関しては、歴史学者の解説さえも「大正時代のテロリスト」（吉川弘文館の『国史大辞典』）程度の解釈で済ましている。しかし、前述した親友の奥野貢がその死の翌年に『嗚呼《ああ》朝日平吾』（神田出版社）という書名で上梓した伝記と、その一〇年後に出版された白柳秀湖[*8]の『現代財閥罪悪史』（千倉書房）を読むと、三〇歳で自爆し果てたこの若者の実像は全く違っている。

朝日平吾は、明治二三（一八九〇）年に佐賀県の西嬉野《うれしの》で、貿易商をしていた家の子として生まれた。長崎の鎮西《ちんぜい》学院を出て、久留米の第一八師団五五連隊に入営して兵士となり、第一次世界大戦では、青島《チンタオ》攻城戦に参加して勲功も立てている。

その後上京して早稲田大学の商科に入るが、すぐ中退して日本大学の法科に移る。しかし、これもすぐやめて満州へ。以降、奉天、大連、安東などの各地、さらに朝鮮にも渡って京城、平壌、群山、開城、鎮南浦《ちんなんぽ》などを、職業を次々と変えながら放浪している。

注目すべきは、新聞記者を経験していることである。大正七年の九月と一〇月は満州通信社大

連支部と奉天の内外通信社に勤めた。さらに、大正八年五月には京城の朝鮮及満州新聞社に就職した。しかし、これも五〇日で辞めさせられた。ほかに「遼東新報」、「大陸日日新聞」、「朝鮮新聞」にも在籍した記録があるが、いつも仕事をさぼり、酒と女に溺れ、知る限りの人から金を借り、「記者」の名刺を使って金をゆすり、毎晩飲み屋街に出没して醜態の限りを尽していた。どの会社からも放り出されて当然だった。

こうして朝鮮にもいられなくなり、大正八年八月に帰郷。父親からお金をもらって旅行具店を開くも（九月末）、しかし、労働争議の渦中に飛び込んでしまい、自ら店をたたむ（一一月末）。こんな自分に嫌気が差したのか、九州から姿を消して静岡県熱海市の錦ヶ浦で自殺まで図った。しかしこのときは親切な人に助けられ、それで反省したのか、彼は次に宗教に救いを求めて、東京の芝にある「大日本救世団」という宗教団体に入会する。

同会は朝日を富士山の裾野にある日蓮正宗の総本山・大石寺《たいせきじ》（富士宮市）に送り込んで修行させた（大正九年一一月）。このお寺で一緒になったのが、朝日のただ一人の友人となり、葬儀から埋葬まですべてを引き受け、彼の伝記まで自費で出版した、前記の奥野貢である。

入山前に「自分は物質生活に飽きたから、今度は宗教界に入り修行し、世道人心のためにつくしたい」と人に話していた朝日は、下山するとすぐに「神州義団」なる組織を計画（大正一〇年一月）。次いで、労働者に安宿を提供する目的で「労働ホテル」の建設計画を立てた（同年五月）。

そしてその資金調達のために、彼は財界人の所を回って寄付金を集めることを考え、まず渋沢栄一邸に押しかける。何度か門前払いを食ったが、執拗に日参をつづけてついに五〇〇〇円を物にすることができた。

大正一〇年の五〇〇〇円を平成二〇年現在の貨幣価値に換算するといくらになるか。当時の銀行員、警察官、小学校の教員の初任給は四〇円から五五円程度だった。現在の初任給が大まかにいって一五万円とすれば、単純計算で三〇〇〇倍になったわけである。ということは、当時の五〇〇〇円は現在の一五〇〇万円に相当することになる。

五〇〇〇円の資金を獲得した朝日平吾は、計画実現のために事務所を設けた。大正一〇年六月一日の彼の日記にはこうある。

「労働ホテル設置運動中の事務所にすべく、本郷区駒込追分町二番地西濃《せいのう》館に一室を借りて止宿。前約ありし大場静枝と同棲」

明治大正期の財界のボスである渋沢栄一から紹介状をもらった朝日は、大倉喜八郎、浅野総一郎[*9]、古河虎之助[*10]、山下亀三郎[*11]らを次々と回って金を集めようとした。しかし、彼らからはにべもなく断られた。そのうち一番屈辱的で失礼な対応だったのは、安田善次郎に最も近い人物であった浅野総一郎だったという。

一人だけ寄付に応じてくれた財界人がいた。それは森村市左衛門[*12]（七代目）男爵で、渋沢栄一

の紹介状を見て、

「あなたの計画はまことに結構ですから応分の事をいたしましょう」と、二〇〇〇円の出資を請求した朝日に対し、「半分でご勘弁ください。いずれそのうち事業を拡張させるような場合には、また相談にあずかろうではありませんか」といって、一〇〇〇円を出した。先代の（六代目）森村市左衛門は、日米貿易の先駆者であり、ノリタケ、日本ガイシ、東陶機器、日本特殊陶業などの基礎づくりをした明治大正期の有力財界人であると同時に、「企業の社会的責任」を果たすべく、「森村豊明会」なる助成団体をつくって（明治三四年）、広範囲の寄付を行っていた人である。

しかし、何をやっても長つづきしない朝日は、資金集めを始めてから三ヶ月後の八月中旬には、「資金調達の見込みなきを悟り、計画を断念」（残されたメモより）していた。しかし、準備事務所にした旅館には最後までいた。新聞には「金の支払いはよく、今月（九月）の一〇日までは（宿賃を）支払いずみで、あと三八円残っていますが、ぜいたくは少しもしませんでした」という、西濃館主人の談話が掲載されている。つまりは、右の資金をそのまま殺人と自殺の準備に使ったのである。九月一二日には新聞発表用の写真をプロの写真館で撮影してもらい、その前に遺書も書いていた。

以上の事実関係から考えれば、「労働ホテルの建設の寄付を断られたので殺した」という印象の新聞報道は、全くの筋違いだということがわかる。犯人にはまた確たる思想があったとも考えられず、「大正時代のテロリスト」と説明する日本史の辞典も的はずれだと言わざるを得ない。

約束されていた東大安田講堂の寄付

『東京毎日新聞』が、その殺害動機を被害者・安田善次郎の「守銭奴的態度に憤激した結果らしい」とコメントしたその日（九月二九日）、しかし『時事新報』[*13]は、東京帝国大学総長・古在由直《こざいよしなお》[*14]が同紙の記者に次のように語った、と報道していた。

「安田氏から寄付の申し出があって、大学の山上御殿で初対面したのは去る（この年の）五月五日だった。（そのときに）竣工までに四年近くかかるだろうと言ったら、安田氏は〈自分は年をとっているから、一日も早く造りあげてぜひ生きている間に見たい〉と言っておられた。大正五年四月にも（大学に）仏教講座を寄付してくれている。篤志家であるのに惜しいことをした」

古在由直は、帝大の助教授時代に足尾鉱毒事件と遭遇して公害の原因物質を特定し、足尾銅山の操業停止を主張。また一方で、渡良瀬川の洪水対策として立案された谷中村の遊水池化には、上流の被害農民とともに賛同した農学者である。大正九年から八年間にわたって総長を務め、今日の東大の基礎固めに貢献している。

帝大への寄付というのは、現在の安田講堂のことであるが、同紙の記者が以前に取材したとき、安田は次のように洩らしていた。

「世間の口がうるさいから、財団法人の名によって寄付したいと思う。私は商人だから栄爵はほしくない。自分の名前を出さずに、国家に尽せる途を考えているが、老後の思い出としてすみやかに成就したい」

もし安田講堂の寄付が数年早かったらどうだろう。もうすぐ八三歳になろうとするときに殺されなかったかもしれないのである。


古在由直帝大総長が話したとおり、建設資金のすべてを「安田保善社」の寄付によって建てられた「東京帝国大学大講堂」は、大正一四（一九二五）年七月に竣工した。工期は二年半、工事費は一一〇万円だった。

建築概要は、延床面積二一一四坪（約六九七六㎡）余、四階建（時計塔九階）一部地階。三階の大講堂の収容人数は椅子の場合で一七三八、椅子を取りはずせば三〇〇〇となる。

設計側のスタッフは次のとおりである。

実行部長／東大教授・塚本靖

建設掛長／同・内田祥三
実行部技師／同助教授・岸田日出刀《ひでと》
建築物の意匠に関しては同大教授・伊東忠太、同じく構造に関しては教授・佐野利器《としかた》が、建築設計の大綱を協議した。
工事を請負ったのは清水組で、『建築世界』（大正一四年九月号）には、「本工事に従事せる従業員の延人員約八万五千人にして、内清水組に属する分七万六千五百人なり」と記載されている。

実は、東京帝国大学大講堂に関しては、安田が殺される一年以上前の大正九（一九二〇）年七月に、安田から寄付するという意思表示があった。のみならず、殺される半年前の大正一〇（一九二一）年三月には、当時東京市長だった後藤新平*15との間に「東京市政調査会」の設立と、その運営資金三五〇万円を寄付する約束がとり交わされていた。

この会の本部が、現在「日比谷公会堂」と呼ばれている「東京市政会館」で、ここも当然、すべて安田の寄付によって建てられた（昭和四年竣工）のである。また、墨田区両国にある旧安田庭園も、敷地内にある両国公会堂も安田家が東京市に寄付したものである。

これだけではない。彼は、大正九年一〇月に、社会公益事業への援助機関として、「財団法人安田修徳会」の設立を内務大臣に申請していた。

しかし、三〇〇万円という巨額資金の財団設立の計画が発表されるや、一部のマスメディアにより「慈善の仮面を被って脱税を図るもの」との悪評が流された。それを受けて許可をためらった内務省当局がやっと許可を下したのは、申請から約一年後の大正一〇年九月八日、彼の死に先立つ二〇日前のことだった（「許可」の通知は死の翌日に届いた）。

後藤新平の回顧談によれば、こうした報道に対して安田は、

「いったい寄付金を出して脱税ができるというソロバンはどこから出るのか。このような批判を受けては喜んで寄付しかねる」

と不満を洩らしたという。

「世間の口がうるさいから、財団法人の名によって東大の大講堂を寄付する」（『時事新報』）との安田の発言には、右のような背景があったのである。

大正一二（一九二三）年九月一日、関東大震災が発生した際、安田家は救援金として二〇〇万円の寄付を申し出ている。ちなみに三井合名会社は五〇〇万円、大倉喜八郎は一〇〇万円で、いずれも九月六日のことである。

そもそも安田善次郎の寄付は、明治一二（一八七九）年、彼の故郷である富山の愛宕神社（鳥居）あたりから始まっている。同二〇（一八八七）年の「海防費献金」には一万円を寄付した。

この献金は、政府の財政事情から、充分な国防費を計上できない実態を知った明治天皇が、「朕《ちん》これがために軫念《しんねん》（心配）し、ここに宮禁の儲余《ちょよ》三拾万円を出し、いささかその費を助く。閣臣旨を体せよ」と、内閣総理大臣・伊藤博文に詔書を発した（三月一四日）ことから、伊藤が「宮内省に対して献金してほしい」と一般に呼びかけたものだった。

実は、安田善次郎は、明治二七（一八九四）年には、「公益事業及慈善等ノ徳行準備トシテ」「修徳積立金」の制度を設け、利益金の一〇％を割く方針を立てて、それ以降大正七（一九一八）年八月までの間に、この積立金から総額一〇七万五八九三円もの各種寄付金を支出していたのである。主なものは次のとおりである。

明治三五年／東京高等工業学校（現東京工業大学）／一千円（安田奨学貸費資金）
明治三九年／廃兵院・廃兵報効会／一一万円
明治四一年／東京慈恵会・同病院／四万五千円（「安田ベッド」三五床）
明治四二年／早稲田大学／一万円
明治四四年／恩賜財団済生会／三〇万円
大正三年／慶応義塾／一万円
大正三年／富山市／六万円（私立職工学校建設費、生徒貸与基金、市立富山商業学校貸与基金）

大正五年／東京帝国大学／五万円（印度哲学講座設立資金）
大正六年／理化学研究所／一〇万円
大正七年／帝国飛行協会／三万円
大正七年／東京府救済事業協会／五万円
大正七年／東京植民貿易語学校／六万円
大正七年／連合軍慰問費／三万二千円

なお、先に、大正一〇年頃の数値は現在なら三〇〇〇倍に当たると書いたが、明治時代の数値は、平均して一万倍しなければ今の金銭感覚で理解できない。つまり、明治四四年の「済生会」への献金三〇万円は、三〇億円くらいだったと見るべきだろう。

ところで、他の寄付と違い、済生会の三〇万円については世間は大いに話題にした。この額を知って、「安田はやっぱりケチだ」と言ったのである。

大逆事件[*16]処刑直後の明治四四（一九一一）年二月一一日、明治天皇は「無告ノ窮民ニシテ医薬給セズ天寿ヲ終フルコト能ハザルハ朕ガ最軫念シテ措《お》カザル所ナリ乃《すなわ》チ施薬救療以《もっ》テ済生ノ道ヲ弘《ひろ》メントスココニ内帑《ないど》ノ金ヲ出ダシソノ資ニ充テシム卿ヨク朕ガ意ヲ体シ宜シキニ随《したが》ヒコレヲ措置シ永ク衆庶ヲシテ頼ル所アラシメンコトヲ期セヨ」との勅語を発し、金一五〇万円を下賜された。

これを受けた総理大臣・桂太郎は、この御下賜金を基礎にして「恩賜財団済生会」を設立し、財界人などに呼びかけて大々的な寄付金集めを始めた。

明治天皇の慈悲深い御心に大感激した大倉喜八郎が、ただちに一〇〇万円という巨額献金を申し出てこれに応じたので、桂太郎はこれを幸いと三井、三菱に対してハッパをかけた。「大倉と釣合うような額を出せ」というのである。しかし企業グループのランクからいえば一位と二位だった両者はなんとか抵抗し、それぞれ一〇〇万円で勘弁してもらった。

安田は大倉より大きかったから、桂はやはり「もっと出せ」と迫った。しかし、慈善の精神に一致しないとの理由で、善次郎は三〇万円しか出さなかったのである。

東京慈恵会病院に寄付した「安田ベッド」というのは、友人の石黒忠悳《ただのり》（陸軍医務局長や日本赤十字社社長などを歴任した医師）に勧められ、同病院の貧困入院患者三五人分の医療費や入院費を、五年間にわたって安田が負担するというものだった。安田が「来年は七〇歳になるので何かしたい」と洩らしたので、石黒が「施療病院を設けるのはどうか」と、いわゆる「安田ベッド」と呼ばれることになるこの寄付を勧め、最初に五ベッド、あとで三〇ベッドを追加したのである。

『実業之日本』（昭和二年八月一日号）によれば、一ベッド一日当たりの寄付金は六五銭で、安田は合計で四万五〇〇〇円相当を寄付したことになる、という。

「守銭奴」の裏の顔

安田善次郎は、大正七年発行の著書『勤倹と貨殖』に、わざわざ「私は慈善は嫌い」という見出しの次の文章を書いている。

「私は、いわゆる慈善事業なるものに寄付をしたことはほとんどない」

「慈善とか義援といえば、その名はいかにも立派であるが、慈善を一も二もなくえらい善行のごとく見なしてしまうのは、とんでもないことではないか」

「人の厄介になるのを甘んずる人間は、本来意気地のない人間である。そういう人間は恵んでやるよりも、むしろ鞭撻するはうがいい」

「不具者や天災などは別であるが、いわゆる慈善は、ややもすれば姑息の手段に流れ、かえって人を懶惰《らいだ》にすることになり、害毒を流すこともないとは限らぬ。現に世の慈善家を的に商売をしている偽善家が少なくないことを、しばしば新聞で見るではないか」

「それで私は、勤倹貯蓄独立独歩一点張りで説いている。各人各個独立独歩で業務を進めていくことが、間接に世を益するわけであって、その効果は、いわゆる公共事業、慈善事業に比してかえってはるかに大なるものと、私は信じている」

実際に多額の寄付をしていながら、このように宣言するのには驚かされるが、大正九年七月に改訂した「安田家家憲」には、第六項を「公益ヲ図ルヲ以テ事業経営ノ究極方針トシ必ズ投機事業ニ従事スベカラズ」とすると同時に、第七項を「収益ノ幾分ヲ慈善行為ニ寄付シ必ズ名聞ヲ望ムベカラズ」としたのである。

つまり、あくまでも「名聞を望むべからず」が重要で、彼にとっては寄付行為は「陰徳」でなければならなかった。だから、世間に知れないようこっそりとしていたのである。そのため、世間一般は彼のことを「守銭奴」などと言ってはばからず、相当親しい関係にあったはずの渋沢栄一や大倉喜八郎にしても、「もう少し出せるはず」と言ってしまったのである。

「守銭奴」と呼ばれたさらなる理由は、彼が「黄金王」と称されるほどの金持ちで、金儲けのうまさでは太刀打ちできる人がいなかったからでもあった。

「とにかく技量のある、精力絶倫の人で、ご維新後いくばくもなく財界一方の覇者となり、日清、日露、日独の大戦（一次大戦）が景気を上げ下げする大波に、抜け目なくまたがり、今ではどうして、金なら腕なら到底この人の右に出る人はいない」（『大阪毎日新聞』）
「株式界でも大仕手で、猫も杓子《しゃくし》も買い逸《はし》るところを売り浴びせ、誰も彼も投げ出して収拾しがたい時に買い浚《さら》え、買って盛り立てて値を出すのが翁（安田）の独壇場。これは翁にして始めてできたことで、いわゆる安田流の妙諦《みょうてい》はここにあったのである」（同）
「戦争中から昨年（大正九年）三月の大恐慌までの間に……儲けた金は幾千万にのぼったかわからない。一昨年の暮ごろに日星《めぼし》い株をドンドンと買い煽《あお》って、いよいよ不景気襲来のわずか前に売り払った抜け目のなさや、不景気の予感から金融の緊縮を図ったことなどを、実業界では〈黄金の袋を抱いた安田が、あの強い底力で魔の手を揮ったのだ〉と、一種の恐怖をおぼえるほどだった」（『東京朝日新聞』）
「何しろ、普通の人には思いもよらぬ二億幾千万円という巨財を、たったの腕一本でかき集め……」「全国の各都市はいうに及ばず、大連、北海道までも手を伸ばした金融機関の数は無慮三百個、預金総高七億五千万円ほど、とのことである」（同）

「だいたいの計画や方針はすべて（安田保善社）総長としての安田の手で直接経営しているのが全国を通じて銀行一五、保険四、電力四、鉄道五、繊維四、その他（安田）建物・商事、ガス企業など総計三五社で、一億五〜六千万円の資金を投じている。そのほか、東洋汽船、浅野セメント、沖電気などにもかなり出資している」（『読売新聞』）

新聞各社の死亡記事は右のような次第だったので、「銀行王」「黄金王」と称えられた彼の天才的金儲け手腕は、大いに誤解の種となったわけである。

新聞は「翁の頭は計算機のように正確で（安田）保善社内でも最もできるソロバンの達人が翁の暗算に及ばないくらい」と書くと同時に、「法律家も舌を巻いた脱税の財団法人」の見出しで、堂々と次のような非難もしたのである。

「彼の頭が数理に長《た》け計画に秀でていたことは、例の合法的脱税の目的で翁が社会事業へ寄付のための財団法人設立について法律書一冊読まずスラスラ計画したことなど、全く驚くほど推理力に富んでいる、と近親のさる人が語っていた」（『東京朝日』大正一〇年一〇月五日）

ともあれ、安田善次郎の死は「将星墜ちて財界の空は一瞬暗澹を示し」、「東西の株式も瞬間的に弔意を表わし」、「米相場まで凋落を演じた」（『大阪毎日』）ほどの大事件だったのである。

なお、惨劇のあった大磯別荘は、大正の初期に浅野総一郎から譲り受けたもので、大正七（一九一八）年に新しく建てかえ、「寿楽庵」と名付けていた。晩年の彼は現神奈川県大磯町大磯四九二番地の、眼下に海の見えるこの家で、多くの時間を過ごしていた。

敷地の上方は王城山という山になっているが、彼はその登り口に「おかまえは申さず来りたまえかし、日がな遊ぶも客のまにまに」という銘文を刻んだ碑を建てた。誰でも気軽に来てくださいというのである。

王城山をふくめてその後周辺の土地を次々購入したので、善次郎は全部で一万坪以上を所有していたという。木造純和風平家建て茶室付きのこの別荘は、今は安田不動産大磯寮になっていて、年に一度は一般公開されている。

1　福岡県出身。明治から昭和にわたる国家主義運動の指導者。大正デモクラシー運動の高揚期にはその排撃に努めた。

2　新潟県佐渡の出身。内田同様、国家主義運動の理論的指導者。二・二六事件の黒幕とみなされて、銃殺刑に処された。

3 福岡県出身。二〇代にして『東京毎日新聞』の再建を任され、政界とも太いパイプを持つようになる。日中戦争の際に阿片の密輸や満州事変の資金の調達をした黒幕ともいわれている。

4 明治期の政治家、社会運動家。栃木県出身で、栃木県会議員から衆議院議員になり、足尾鉱毒事件が発生するや、徹底した公害反対運動を行った。

5 日本経済の近代化に最大の貢献をした明治大正期の経済人。大蔵省の役人から民間に転じて第一国立銀行、王子製紙などを創立し、無数の会社の発起人や重役に就いて、日本経済の発展に尽くした。出身は埼玉県。

6 新潟県新発田出身の実業家。海外商社の大倉組、大倉土木（現大成建設）、製鉄会社の大倉鉱業などを設立し、巨大企業集団をつくり上げた。東京経済大学も創立した。

7 岩手県出身の政治家。立憲政友会の第三代総裁時に政権を獲得し、第一九代の内閣総理大臣に就任した。

8 静岡県出身。早稲田大学哲学科卒の小説家、評論家、史論家。著書は『大日本閨門史』『二千六百年史』『財界太平記』など。

9 浅野企業集団をつくった富山県出身の実業家。セメント、石炭、海運、貿易、造船、鉄鋼、発電、埋立て事業など多彩な事業を展開。日本鋼管（現ＪＦＥスチール）はそのうちの一つ。

10 古河企業集団の基礎をつくり、鉱山王と呼ばれた古河市兵衛の長男。コロンビア大学卒。古河合名会社を創立して古河グループを統括した。

11　愛媛県に生まれ、一六歳で上京。三五歳で海運業を始め、四五歳で山下汽船会社（現商船三井）を創立し、日本郵船、大阪商船に次ぐ大船会社にした。

12　六代目の長男。男爵も親からの引継ぎ。当時は森村組の会長、東芝や第一生命の取締役、東洋陶器や日本ガイシの相談役だった。

13　福沢諭吉の指導のもとに、門下生が経営していた当時の代表的な新聞。福沢も自ら論説を書いていた。

14　京都府出身。駒場農学校（東大農学部）を卒業後ドイツに留学し、帰国後東大の教授に就き、農芸化学を講義し、東大総長も務めて名総長とうたわれた。

15　岩手県出身の官僚、政治家。内務省衛生局長、台湾総督府民政局長、満鉄総裁、外務大臣、東京市長を歴任し、東京の都市計画も立案した。

16　天皇家の人々に危害を加える罪を「大逆」と規定していた明治四三年五月、明治天皇暗殺計画の容疑で社会主義者が検挙され、うち一二人が死刑に処せられた。

第二章

家出・独立——ケチとあざけられても

「偉いのは武士より商人だ」と悟る

富山市の中央部に、かつては一〇万石の富山藩が拠点としていた城跡がある。

その城址公園の近くに、新富町、愛宕町、内幸町などに囲まれて、町名変更で昭和四〇年に誕生した安田町《やすだまち》があり、ここに「安田記念公園」と称する市営の児童公園がある。そこに「松翁安田善次郎君誕生の地」と刻まれた二メートル余の石碑が建っている。高橋是清[*17]によって書かれ、昭和一一年三月に建立されたものである。

彼の生まれ育ったこの地にはまた、富山駅に近い宝町一丁目の「明治安田生命富山ビル」の二階に「安田善次郎記念室」が設けられており、その生涯や業績がわかるさまざまなものが展示・公開されている。

明治・大正期に「銀行王」と言われた安田善次郎は、当時越中国婦負郡《えっちゅうのくにねいぐん》富山町だったこの地で、天保九（一八三八）年一〇月九日、父・安田善悦《ぜんえつ》と母・千代との間に生まれた。夫婦は子宝に恵まれて九人も子供を授かったのだが、五人は夭折して残ったのは一男三女だけ。善次郎は三男で幼名を「岩次郎」と言った。

安田家は藩主の前田公に仕える士族だったが、微禄《びろく》しかもらえない最下級の武士だったので、農業を内職にしても一年にわずか三〇両しか収入がない有様で、生活は苦しかった。

そこで岩次郎は、幼いときから朝早く起きて父と一緒に畑仕事に出、八時か九時に終えてから寺子屋へ通い、寺子屋から帰ってから鍬《くわ》をかついでまた畑で働いた。しかし、岩次郎は勉強が好きだったので、夜も読書をし習字に励んだ。努力家の彼は、床に入ってからも「天井を手習い草紙とした」ぐらい勉強した。

寺子屋に通いはじめるのは七~八歳頃で、子供たちは習字を教わったり、四書五経（中国の儒学の本）の素読をした。この頃、岩次郎はすでに「貯蓄」を実行しており、級友に呼びかけて毎月一文（銭《ぜに》＝銅貨の最小単位。四〇〇〇文で金貨一両に相当した）ずつ貯金し、集まったお金を生徒が自主的に預かる「子供銀行」のようなことをしていたという。

そうしたお金を稼げたのは、子供たちが早朝の花売りをしていたからだった。越中富山のこの地方では、毎朝仏壇に供える花を花売り児童から買うのが普通だったし、親たちもその売り上げを小遣いとして子供に与える習わしがあったからである。

寺子屋を卒業した一二歳以降も、農作業を手伝いつつ天秤棒をかついで、富山城下から近在にかけて毎日往復二~三里の道を野菜を売って歩いた。この行商で、彼はすでに他人と違った商売をしていた。仲間は野菜を売り切れば空荷で家に帰るのに、彼は、漆器の特産地である岩瀬（現富山市）の地から漆器を仕入れて戻り荷に持ち帰り、富山城下でこれを売り捌いて、二重の利益をあげる商才を見せたのである。さらに、儲けの一割を小遣いとして親から頂戴し、これをせっせと貯めた。

一六歳頃の話である。父親の善悦は数年前に土蔵を建てたのだが、資金不足で扉だけ後回しにしてあった。そこで、四～五年の間に貯めた右のお小遣いを割き、岩次郎がこれで土蔵の扉を作ってあげたという。

貧乏な家を支えるためのこうした仕事を、勉学と並行しながら夜もまたつづけた。その仕事とは「写本」である。

当時、版木に文字を彫って摺《す》る「版本」は高かったので、庶民の間では毛筆で書き写した「写本」が流通していた。何ごとによらず成績が優秀だった岩次郎は、「少年能書家」と言われて近所から帳簿の表書きや手紙の代筆を頼まれたりしていたので、寺子屋を卒業すると同時に（一二歳）、「当時流行のアルバイト」ともいえる写本を、金を稼ぐ手段として始めたのである。その種類は謡本、軍書、小説などで、八犬伝、大阪軍記などは内容を自然に覚えたという。

報酬は二五字詰一〇行の紙一枚を筆写して三文、つまり、三三枚をこなして一〇〇文に相当するが、岩次郎はこれを日に三～四〇枚くらい写すことができた。一〇〇文といえば、当時の富山の物価で旅館一泊分ほどだという。後年本人は、「私が毎夜コツコツ書いた写本料は相当の貯蓄となり、私の小遣い銭はもちろんのこと、妹などにはいろいろな物を買い与えなどしましたが、またそれが何よりも愉快でありました」と回想している。そしてまた、この仕事は金銭の報酬以上の「精神上の偉大なる感化」をこの少年に与えた。

写本をすることで多くの書物を読んだことである。特に全巻を二回筆写した『太閤記』は熟読できた。水呑み百姓の家に生まれた日吉丸が木下藤吉郎になり、羽柴秀吉となり、そしてついに関白太政大臣となって天下を取った軌跡は、どのようにすれば成功が可能かということを実際的、具体的に教えてくれた。「写本をして得る第一の利益は精神上のそれであります。第二には金儲けであります」と本人は回想している。

とはいえ、行商や写本の収入のほとんどは父に差出し、岩次郎自身はその一割を報酬としてもらっていただけだった。しかもその報酬で妹たちに机や本棚を買って与えたりしていた。

岩次郎の当初の夢は「職人」になることだった。

しかし、そのうち「金持ち」になりたいと考えるようになった。本人によれば、理由は二つあった。

雪の降りしきるある寒い日のこと、岩次郎と父は五百石取り（家老格）の武士と道の途中で出会った。藩の役人に会うと、雨天であろうと何であろうと下駄まで脱ぎ、額《ひたい》を地面に押しつけて土下座《どげざ》する決まりだったので、父の善悦は足駄《あしだ》を脱いで雪の上に座り、お辞儀をした。家老格の武士は答礼はしたものの、足駄のまま威張って通りすぎた。

回想記にはその続きがこう書いてある。

「私は少年の身ながらはなはだ情なく思った。……彼も人なれば武士も人。ただ身分の高下によってかくも相隔った交際をしなくてはならぬのか。いかにも残念である。私は……一生頭の下げ通しで、いわゆる小身者として終らねばならぬのか知らん……。しかし別にいい思案が出るというわけもありませず、子供心の空想を走らせていたような次第でありました」

二つ目の理由は、もっと強烈な体験をしたことにあった。

ある日岩次郎が城下を一人で歩いていると、向こうから立派な駕篭《かご》がやってきた。うしろには藩の重役たちが付き添っていたので、よほど身分の高い人に違いないと思ってそばの人に聞くと、なんと駕籠にいるのは大阪の商店の番頭だという。さらにくわしく聞くと、この店に富山藩がお金を借りているので、重役たちが城下までその番頭を迎えに出たのだという。そこで岩次郎は次のように悟ったのである。

「われわれが土下座をする武士のその上の奉行《ぶぎょう》などがお供《とも》のように駕篭の後からぞろぞろ行く。いかに素町人《すちょうにん》でも金さえあれば大名であるとの念が固くなった。金の力というものは何と偉大ではないか。……金の前には身分も何もあったものではない。金さえあれば天下は我が物だというような印象が、私の胸底に深く刻みつけられました。以来私は、かつて職工たらんと思い立っていた志《こころざし》を変じて、必ず商人となって金持ちになりたいと、深く心に決したのであります。……これは私の　五歳の折の決心ではあるが、……今にも忘れませぬ。……私はまず千両の分限者《ぶげんしゃ》になろうと決心しました」（『克己実話』明治四五年）。

商人として成功するには、何はさて置いても江戸に出なければならない。

富山の町の少年ならば、そのように考えて当然だった。交通が不便で、各藩が割拠し藩外のことは何も知り得ない時代にあって、「富山の薬売り」[*18]たちは日本全国を隈《くま》なく行商して歩いていた。だから彼らは、旅から帰ると各地の商況のほかに数限りない諸国の珍談奇談を、女子供にまで話して聞かせた。よその藩では江戸まで行くのに泣き別れをしていたのに、富山藩の人々は長旅の困難など意識しないほど旅慣れていたという。

家出を重ねて江戸へ。住込み店員になる

ただし、岩次郎には二つの障害があった。三男二女を失っていた両親にとって、唯一の男子として育てあげていたこの男は、安田家を継がせるべき大事な跡とりだった。親が江戸行きを承諾してくれるはずはない。岩次郎は両親に黙って家を出る決心をした。数年間に貯えた金は、わずかではあったが往きの旅費くらいにはなっていた。ただし、もう一つの難点は「通行券」がもらえないこと。このままでは道中の各所に置かれた関所を越すことができない。昔の藩は国のようなもので、よその藩へ行くにはその藩発行の旅行免状（パスポート）が必要だったのである。そこで彼は、富山から直江津を経て信濃路を通る本道を止して、富山から飛騨の山々を越えて信濃（長野）に出る間道《かん》を利用することにした。

岩次郎一七歳、安政元（一八五四）年九月のお祭りの日、その賑わいに乗じてひそかに故郷をあとにした。だが、一五里（六〇キロ）ほど歩いて、樵夫《しょうふ》の歩く細道をたどって山に入ったものの、道に迷って森林の中を彷徨。そのうち夜になった。幸い、はるかな谷間に灯火《ともしび》が見えたので、その小屋まで辿って行き、一夜の宿を求めた。

この家の主人は猟師で、妻に先立たれて四〇歳ぐらいの息子と二人、山の中で暮らしていたのだが、この家出少年から事情を聞くと、同情を寄せる一方、「両親が心配しているから、一応家

に戻って許可をもらって来なさい」と説得した。岩次郎も「わが無断家出の親不孝の罪がはなはだ気になって」、翌朝、意を飜《ひるがえ》して家に戻ることにした。

家に戻ってしばらくは謹慎していたが、岩次郎の初志は変わることがなかった。しかし、父は頑として江戸行きを許してくれない。そこで、とりあえず家業に励みながら、ひそかにチャンスを待って二度目の家出の準備をした。

そして三年後、安政四（一八五七）年四月二八日、一人の同行者があるのを幸いに、またもや通行券なしの飛騨越えで江戸に向かった。前回説諭してくれた猟師の家を通り過ぎ、信州の松本から甲斐を経て武蔵の国に入り、一四日目に江戸に着くことができた。

このとき二〇歳。準備したお金は、それまでに写本や野菜売りで貯めた二分八〇〇文。明治の末年で換算すれば五八銭（今のお金に直せば五八〇〇円）だったが、途中宿に泊まらずに露営もしたので実際の旅費は一分と二朱、明治末年の計算で三七銭五厘（今のお金に直せば三七五〇円ぐらい）だった。明治の末年に善次郎は次のように書いている。

「江戸へ着いたときの懐中銭はいくらであるかというに、一分にも足らぬ二朱八〇〇文でありました。今（明治四五年）の金では二〇銭五厘（今のお金に直せば二〇五〇円）という勘定。今日の財産を作った最初の資本というのは、この二朱八〇〇文であります」

たったこれだけの資本では商売をするのは無理なので、神田で銭湯を営んでいた同郷の小西という人の世話で、日本橋四日市河岸《よっかいちがし》（現日本橋一丁目九番地）で海苔と鰹節を商っていた「丸屋」に丁稚《でっち》小僧として住み込んだ。このとき、幼名の岩次郎を「忠兵衛」と改名した。

しかし、彼が江戸で働くことができたのはわずか三ヶ月にすぎなかった。一人息子をどうしても離したくなかった父親が、忠兵衛の叔父に当たる太田弥助に頼んで、江戸からの連れ戻しを強行したからである。叔父がわざわざ江戸までやって来て頼み込むし、無断で家を出て心配させた両親のことを思いやって、彼は引っぱられるようにしてまた富山に戻った。

ともあれ、こんなことで反抗したりぐれたり、あきらめたりしないのが、平凡な青年と違うところである。

彼は、両親に江戸で見聞したさまざまを都合良く吹聴し、必ず成功して一千両の分限者《ぶげんしゃ》になって錦を飾って帰ると約束し、江戸行きの意志はなお固いことを、叔父を通じて暗に工作するなどした。その結果、ついに両親がこれを許可することになった。

そして、一時帰国から数ヶ月後の安政五（一八五八）年のはじめ頃、二一歳の忠兵衛は、親戚の林松之助が進学のために江戸に行くのに同行し、天下晴れて江戸の地に二度目の足を踏み入れることができたのである。

二回目の就職先は、日本橋横山町辺の玩具問屋だった。

なぜこのお店だったのだろうか。

彼はまず、「奉公している間に江戸の土地をくわしく知ろう」という方針を立てた。そして奉公先を探しているとき、ある玩具問屋が小僧を求めていたので、江戸のあちこちに散在する玩具の小売店と取引きするこの店が最適だと確信した。だから入店したのである。

実際彼は、この問屋で天秤棒をかついで江戸の市中を歩きまわり、ここにいた三年弱の間に「江戸の八百八町のほとんど」を知り尽し、「そこへ行くにはこの道をとればいくらの時間の儲けだなどと計算」できるほど、「ずい分小さい抜け道まで」わかるほど江戸の町にくわしくなった。

忠兵衛がこの問屋で実践したことの第一は、主人への忠誠である。

太閤記の写本のおかげで、彼は「天下を取った太閤秀吉でさえ草履《ぞうり》を懐中で暖めて主君に忠誠を果たしたのだから、その職に努力して励み、主人のためには何事も厭《いと》わない」と決心していた。

彼のいた問屋は大きかったので奉公人は沢山おり、彼らの下駄がいつも乱雑に散在していた。

そこで彼は、手があくたびにそれを一々そろえることを実践した。店先に散らかっている紙くずなどを拾ってきれいにすることも心がけた。主人や番頭から注意されたわけでなく、自主的に実行したのである。その結果、主人からの信頼は絶大になった。

そして、ついには主人から「君を養子にほしい」と言われた。しかし忠兵衛は「私はいかなる富貴な身分の家から請われても養子に行くことはできません。安田家の相続人ですから」と言って断った。このことについて、後年彼はこう書いている。

「自分の初志は他力を頼むことなく努力をもって家を起こそうという大決心に基づいての断りである。……自分の最初の大決心を翻すような薄志弱行な輩《やから》とはなりたくないとの気持もあったのです」

しかし、そうなると、主人から親切にされればされるほど、情にかられて決心がぐらつくことになる。そこでついにこの玩具問屋を辞めることにした。


三回目の就職先は、小舟町《こぶなちょう》(現中央区日本橋小舟町)の海苔、鰹節の小売兼両替商の「広林《ひろりん》」である。主人は前述した丸屋の主人の長男広田林三郎。時は万延元(一八六〇)年。「桜田門外の変」が発生した年である。

この「広林」でもまた、とにかくよく働いた。朝は早く起き、夜は遅く床に就いた。だから主人に気に入られたのはもちろん、近所の人々にまで受けがよかった。自分の店の前だけでなく近隣の店の前まで掃除をし、紙くずが散らばっていれば拾い、何かのときのために取っておいた。万事がこの調子だったうえに愛嬌もあったしお世辞もうまかったから、模範的な奉公人だと評判になった。

独立して人形町通りに「安田屋」開店

こんなエピソードもある。

毎年六月には日吉神社の山王祭《さんのうまつり》があった。主人の広田は、十数人いた店の若衆たちに、お揃いの単衣《ひとえ》と手拭いと足袋《たび》を支給した。彼らは皆、十文字に綾《あや》どった、向う鉢巻勇ましく、ワッショ、ワッショの掛け声のもと、終日群をなして狂奔した。ところが、忠兵衛だけは別行動をとった。単衣をたたんでしまいこみ、自室に閉じこもって静かに『太平記』の写本の内職をつづけたのである。奉公仲間は彼のケチぶりをあざけり、彼を仲間はずれにした。しかし、忠兵衛は全く動揺しなかった。

兼業の両替の仕事はつらかった。お金は紙幣ではなくて金・銀・銅貨類なので重い。これを大八車に積んで取引先を回るのである。しかし同時に、この奉公先で古い金銀や贋金の見分け方を習得できた。奉公人にとって必要な能力は、古い大判や小判、新しい金銀貨、二朱金、一分銀などの鑑定だった。これは大変難しいので、普通は貴金属片を磨《す》って条痕の色などを見て品位を判定する、試金石と呼ばれる石（那智黒など）が用いられた。ところが、実際は肉眼で即座に鑑定できなくては役に立たない。この点に関して忠兵衛は抜群に熟達していたので、店では大変重宝がられた。しかもこの能力は、独立後にも大いに役立ったのである。

忠兵衛は、向かいの砂糖商の奉公人と親友になった。三つ上のその少年は独立後、横浜で砂糖問屋を開き、輸入砂糖で大儲けして富商になった。第二国立銀行（横浜）の取締役も務めた著名な実業家、増田嘉兵衛[*19]である。また、越後国新発田出身の一つ年上の少年とも親しくなった。当時上野広小路で同業の乾物店を開いていて、のちに安田に次ぐ巨大企業グループを築くことになる大倉喜八郎である。安田はこの二人と終生親しく付き合った。

ちなみに、この「広林」時代の文久二（一八六二）年一二月四日、彼は最愛の母を失っている。

最初の奉公先で忠兵衛がもらった給料は、年間で三両二分（明治時代の三五円、今の三五万円程度）ほどだった。この収入で髪も結い、風呂屋に行き、小遣銭も弁じなければならない。しかし、全部で五年勤めた奉公時代の最後には、一ヶ月に一両（今の一〇万円ぐらい）の給金がもらえるようになっていた。

すでに商売のことはずい分呑み込めるようになったので、彼は「二六歳にもなる男子がいつまでも他人の店で奉公しているのは、はなはだ意気地のない話である。独立して商売をするべきだ」と、海苔と鰹節と両替の「広林」に暇を取る決心をした。

そして、その準備のため、旧知の唐物商・矢島嘉兵衛方に身を託してここにおよそ半年間仮寓《かぐう》してそのときを待った。

かくて、文久三（一八六三）年一二月一日、葺屋《ふきや》町（現中央区日本橋芳町、日本橋堀留町の一部に当たる。ずっと以前は屋根葺職人が多く、当時は人形をつくる家が多かったので人形町と俗称されていた）の裏通りに棟割《むねわり》長屋の部屋を借り、小舟町あたりの四辻で、戸板の上に小銭を並べての露店両替商を始めた。そしてこれがうまくいったので、その三ヶ月後には次のステップを踏んだ。

忠兵衛は酒もたばこも好きだったが、独立の目標を立ててから「万事倹約を旨とすべし」で、まず禁煙を実施した。そのため、好きで四～五個持っていた煙草入れが不要になり、すでに開港から五年ほど経っていた横浜に出かけて外国商館に売りつけ、二五両のお金をつくった。でもこれでは店を持つにはとても足りない。

ところが、まだ横浜にいる間に、するめの売り物があることを聞き、江戸へ持っていけば儲かりそうだと思ったから、手持ちの二五両を手付金に大量のするめを購入し、江戸に帰ってこれを売り捌いた。結果は予測どおりで、手にした売上代金は四二両にもなった。

「一息に一七両という金を儲けた時の嬉しさは未だに忘れられませぬ」

と、彼はこのときのことを回想している。

これだけの資本があれば店を持っても大丈夫。こう確信した忠兵衛は、人形町通りの新乗物町(現中央区日本橋堀留町)に店を借り受けた。間口は二間、奥行きは五間半、一ヶ月の家賃が二分二朱、明治末年の貨幣価値で六二銭五厘(今なら六二五〇円)で、本人自身「あの辺にしてはずい分安かった」と回顧するほどだった。

開店したのは元治元(一八六四)年三月二日。砂糖、海苔、鰹節の小売と両替とを兼業する店で、屋号を「安田屋」とつけ、このとき自分の名前も、安田家の世襲の名前である「善次郎」に改めた。開店と同時に小僧一人と飯炊婆《めしたき》さん一人を雇った。二七歳のときである。

朝は未明に起きて向こう三軒両隣りの前までもきれいに掃き、それから水を汲んだり戸を開けたりする。そのあとで小僧や婆さんを起こした。

目標はこの店で成功して「一千両の分限者」になることである。善次郎は次の三つの誓いを自らに課した。

一、独力独行で世を渡る。女遊びをせず一生懸命に働く
二、嘘をいわず、正直に道を踏む。どんな誘惑があっても決して横道に逸《そ》れない
三、生活費は収入の八割以内にし、二割は貯蓄する、住居のために財産の一割以上の支出はしない

彼は、もしこれを破ったら「天罰を与えてもらいたい」と各条に付記している。つまりは神仏と右の約束を交わしたのである。

「私は勤勉を第一に念とするとともに、女遊びをも一生涯慎しむことにしたのです。一体、青年がその前途を誤るのは女に原因する所がはなはだ多いのです」

と、『克己実話』にこの誓いの説明をしているが、こんな逸話も残っている。

あるときある悪友が、真面目一方の善次郎を陥落させようと、芸者にお金を渡して誘惑させる計略を立てた。使命を受けた女性はいろいろと手段を弄した。しかし結局、善次郎から「よく解った。お前は人に頼まれてやるんだろうけど、将来立派な芸者になるべき身分なのだし、私もまた大望を抱いている青年なのだ。おたがいに望みをとげるまでは、話はこのままにしてお預けにしよう」と、やんわり説得されたというのである。

丁稚小僧一人だけでは忙しすぎたし、適齢期でもあるということで、嫁さんをもらおうという

話になった。その折、善次郎はその仲介者に次の三つの結婚に関する注文をつけた。

第一に、お客は商人にとって出世の神様だから、お客様を大切にする親切心があること

第二に、夫婦共働きの精神でいる女性で、女中代理の労をも厭《いと》わぬ心掛けがほしい

第三に、倹約を旨とし、当分の間は絹布でなく木綿《もめん》の衣服で我慢する女性でありたい

そして、「この三ヶ条を承知するなら来てもらいたい」とお世話を頼んだ。

この条件にぴったり合う女性が見つかって結婚したのは、安田屋の開店から九ヶ月後、その年の一一月のことである。

ベテランの泥棒まで改心させる

結婚相手は、田所町《たどころちょう》（現中央区日本橋堀留町二丁目の北半分に当たる）の「御刷毛所《おはけどころ》京屋弥兵衛」商店を経営する藤田弥兵衛の四女・さだ。彼女は一七歳のときに長州藩（山口県）主毛利家の御殿女中に召上げられたが、しっかり者だったので、茶の湯、生花、床《とこ》飾りに至るまでよく研究した。そのため、毛利家の室内装飾のことまで関与するようになった。独身で通して将来御殿

女中として成功するつもりだったのだが、どういうわけか二七歳で家に帰ることになり、そんなときに「いいお婿さんがいる」と言われて善次郎を紹介されたのである。

もともと彼女は、「武士は扶持米をもらって殿様に奉仕するだけなので、どうも感心しない。扶持高で階級差別があるのも面白くない。独立独歩、腕と努力次第で勝負する商人のほうが、はるかに気楽で愉快ではないか」としていて、「それに安田という人は感心のほかない」とすぐ気に入って、結婚を承諾したのだという。そして、結婚と同時に名前をふさ（房子）と改めた。

ただし、まだ女中など雇える状態でなく、夫婦共稼ぎだったから、彼女は、朝はニワトリの声とともに起きて朝食の支度をし、早くから両替の仕事に出かける良人を送り出すと、たすき掛けで水仕事、洗濯、拭掃除と、御殿女中時代とは天と地の荒仕事をこなさなければならなかった。次のような話が伝えられている。

結婚式が終わった夜、当時の習慣に従って二人は直ちに向う三軒両隣りを挨拶して回った。そこで近所の人々は「なんぼ働き者の善さんでも、当分の間は朝が遅いだろう」と噂し合い、果てはこれで賭けをする人まで現れた。ところが翌朝、善次郎の店はいつもよりかえって早く開いたので、みんな目を丸くして驚いた。

新妻は家事のほかに店の監督をする役で、主人に代って朝から夕暮れまで帳場格子《ちょうばこうし》の中に坐り、同時に台所の指図もした。そこで、善次郎は仕事に全力を傾けることができた。

安田屋のモットーは「親切」だった。

お客が希望すれば、店にない品物でも探して注文に応じることにした。また、たとえば海苔にしても一枚一枚を調べて、質のよくない品は惜し気もなく取り除いた。悪い品物を二つとか三つ、わざわざ混ぜて売る店もあったからである。包み物は固く縛ってやり、お客にはお世辞でなく真実にお礼を言うことを心がけた。

そんなわけで、「買物なら人形町通りのあの店がいい」と評判になり、客が京橋や銀座からもわざわざやってきて、開店するとすぐに繁盛店になった。だから、結婚からまもなくの年末までに、「安田屋」は諸雑費を差引いて六八両という純益をあげた。開店の翌年には、手代《てだい》を一人雇い入れた。

彼はしかし、鰹節や海苔をお店で一品ずつ小売りをしていただけではないらしく、この新乗物町時代（二年間）のあるとき、一万両を借りて東京中の鰹節を買占め、「三日を出でずして相場が高騰し、たちどころに二万両の金を儲けたり」という話もある（『実業之日本』明治三四年六月十五日号）。

両替業については、当時、日本橋、京橋、四谷など江戸市中に八つあった両替町組を、一日に二ヶ所ぐらいずつ回って取引きをした。開店前の朝早い時間を使っていたので、暗いうちに起きて先方がまだ寝ているうちに着き、「安田ですが今日は両替はありませんか」と言って叩き起こすのである。毎回時間を違えて行くので、そのうち「今日は安田屋が来る日だから」と両替を溜めておいてくれた。

利が薄いうえに、大量の銅銭や鉄銭を積んだ重い大八車を挽いて回るのでつらい仕事だったが、本両替屋にとっては安田屋はとても便利な存在だった。だから彼らは善次郎を待つようになり、可愛がってくれるようになった。この仕事を済ませて帰宅しても、近隣の店はまだ寝ていたが、帰るとすぐに前の道路に水を撒き、掃除をし、これを終えてから朝食をとった。

結婚の翌年は、年号が「明治」の一つ手前の「慶応」に変わるが、その慶応元（一八六五）年九月に、二人の間に長女の照子が生まれた。しかし一年二ヶ月後に早死にした。またこの年、善次郎は「日本橋両替町組」の肝煎《きもいり》（役員）に選ばれた。

商売は順調だったが、とんでもない障害が彼を待ち受けていた。

時は明治維新を目前にして治安が乱れていたので、強盗が多発した。安田屋はその被害に何度も遭ったのである。すでに幕府の取締りは行き届かず、江戸に集まってきた浪人たちは、特に両替店をねらって「軍用金を出せ」と刀で脅し、堂々と金を奪った。安田屋も例外でなく、ある晩二人の盗賊に入られた。今でいえばピストル強盗のようなもので抵抗のしようはなく、一年余も汗水たらして稼いだ全財産四七両ほどを奪われてしまった。そこで次のような対策を取った。

当時は金庫がなかったのでお金を隠すところがない。そこで、強盗が入るまでの間に逃げ出すのが肝腎だと考えて、大きな木で格子戸を二重に作って侵入しづらくし、天井裏や床下にはお金に見せかけた鉛の包みを置いた。実際そのあと強盗に入られたが、強盗は鉛の包みを確かめずに持ち帰ったという。善次郎はこの体験に次のような感想を書き加えている。

「金が取られなくて安心はしたものの、賊を欺いたその復讐がまた恐ろしくてたまらない。今夜は来るか明日来るかと、それはそれは心配したものです。……これが為に私はこりごりして、今後はいかなる悪人でも決して欺くまいと決心しました。幸いそのときの強盗はついに復讐には来なかった」

『実業之日本』（明治三十四年四月一五日号）に載ったもので、こんな逸話もある。

ある晩盗賊が安田屋に押入って、白刃《ひらめ》を閃かして善次郎を脅し、金を奪おうとした。寝ていた善次郎は、しかし起き上がって沈思《ちんし》し、「静かに。もし大声を出して妻や子を驚かせばお互いに不利になる」と言った。

泥棒は「お前が往生して俺の言うことを聞く気があるなら、すぐ金を出せ」と迫った。

「お金は二階に置いてある。自分で行って取って来れば」と答える善次郎。

「うまいことを言うが、その手は食わなの焼蛤《はまぐり》。二階へ上がったら梯子《はしご》をはずして番所に知

らせるつもりだろう」と疑う泥棒に、

「確かに一理はあるが、なんでそんなだまし方をするものか」と言いながら、善次郎は二階へあがって有り金の一〇両を出して賊に渡した。

「ありがたい。俺は長年強盗を働いてきたが、お前のような大胆な男に会ったことがない。いつか折があったら必ずこの恩に報いるぜ」と言い放って立去ろうとした。そのとき、にわかに車軸を流すような大雨が降ってきた。

そこで善次郎は、「これじゃ困るだろう。傘を持っていきなさい」と番傘を賊に渡した。ところが、夜が明けてから隣の店の小僧が「天水桶の裏にありましたよ」と言って一〇両のお金と番傘を持ってきたのである。

それから数年後のこと、善次郎が店に雇った一人の老人が、次の話を彼に聞かせた。

「私は以前、千住の仕置場で罪人の首をはねる仕事をしていましたが、あるとき一人の囚人が〈俺は悪事数十犯に及ぶようなことをしてきたが、ある晩新乗物町のある店に押入って亭主の大胆さに驚き、これほどの男の金を奪っては強盗の運命が尽きたも同然だと、その金と借りた傘をすぐに捨てたことがある〉と言っていました」

この話を聞いて善次郎は、次のように嘆息《たんそく》したという。

「何という不思議だ。その亭主とは私のことだよ。しかしあの泥棒は改心せずに処刑されたのか。残念なことだったなあ」

---

17 幕府の御用絵師の子だが、仙台藩士の養子として成長し、総理大臣にまで登りつめた政治家。英語教師、通訳、農商務省役人など、波乱に富んだ前半生を送っている。

18 加賀藩から分離した富山藩が、財政的苦境打開のために和漢薬の行商を始めた。それが成功して商圏が全国に拡大。富山の薬の行商が有名になった。

19 伊勢出身の大商人。開港と同時に横浜に赴き、増田屋商店を設立して砂糖の貿易を始め、これが成功して横浜為替会社の頭取に就き、第二国立銀行、金穀取引所、「横浜毎日新聞」の創立などにかかわった。

第三章

銭両替商——信用を得れば金儲けのチャンスは来る

硬貨の相場変動を利用して大儲け

今のように保険制度があるわけでないから、家に隠してある現金を強奪されれば、たちまち無一文になってしまう。しかし不思議なことに、善次郎は、創業の二年後には中古店舗を買い取り、両替専門店の「安田商店」を開店させている。

開店は慶応二（一八六六）年四月一四日、場所は人形町通りより江戸橋寄りの小舟町三丁目一〇番地（現中央区日本橋小舟町八－一、みずほ銀行小舟支店のあるところ）、間口二間半の土蔵付きで買値は四三〇両だった。善次郎はこれを人から借りたのでなく、自分の金で、しかも手持ち金がその一〇倍になってから購入したのである。

この一〇倍には大きな意味がある。

この店が四三〇両で売りに出たのはだいぶ以前のことで、そのとき善次郎は当初の目標だった一〇〇〇両の二倍に近い一八〇〇両の資産をつくりあげていた。新乗物町の店は借家だし、すでに手狭になっていたので、早速手を打とうとしたのだが、創業時の三つの誓いのうちの「住居のために財産の一割以上の支出はしない」を思い出し、「四三〇〇両以上のお金が貯まるまで待とう」と購入を止したのである。

それからさらにお金を貯め、四三〇〇両に達したとき、「もう売れたに違いない。しかし一応たずねてみようと、なぐさめ半分に行ってみると、その家は未だに買主を待って」いた。そこで「私が誓いを守ったので神様のお助けであると喜び」、これを購入したという。

この数字で見る限り、「一千両の身代をつくりたい」との目標を立てて二十歳で家出をした善次郎は、九年後には目標の四倍を超える分限者になっていたことになる。

店名を「安田商店」と改めて銭両替の専門店をスタートさせた善次郎は、大いに繁盛していた海苔や鰹節の営業権を高値で人に売り払い、これでまた大きな利益を獲得した。

いったい、なぜこれほど短期間に財産をつくれたのだろうか。

それは彼が一面では着実型でありながら、他面ではとてつもない相場師型の商人だったからで、人形町通りの新乗物町時代に、すでに兼業であるはずの両替の方で大成功をおさめていたからに違いない。そうとしか考えられないのである。

両替商には本両替商と銭《ぜに》両替商があるが、当時の江戸市中には一〇軒の本両替商と六四三軒の銭両替商があった。本両替商は幕府、大名、旗本などに出入りして上納金などを検査したり、金貨と銀貨の売買や両替を行っていた業者。銭両替商は銅・真鍮・鉄銭など、単位の小さい硬貨（銭《ぜに》）の売買や両替を主にし、本両替商との間で金銀貨の両替を行っていた業者のことである。

善次郎が六四三軒あったと記憶している銭両替商は、日本橋の「両替町組」ほか、京橋・神田・芝・本郷・四谷・浅草・本所組の八つの組合にそれぞれ所属し、取引所で金銀銅貨を売買したり両替したりしていた。幕末の江戸市中になぜこんなに多くの銭両替商がいたのかといえば、それは、当時の貨幣制度が驚くほど複雑で、しかも交換比率が絶えず変動するので、彼らがいなければお金がうまく流通しなかったからである。

まず、貨幣としては次のような種類があった。

金貨／大判（一〇両）、五両判、小判（一両）、二分金（二分の一両）、一分金（四分の一両）、二朱金（八分の一両）、一朱金（一六分の一両）

銀貨／五匁《もんめ》銀、丁《ちょう》銀、豆板銀（いずれも六〇匁〜百匁で一両）、一分銀（四分の一両）、二朱銀（八分の一両）、一朱銀（一六分の一両）

銭《ぜに》貨／銅一文銭（六千〜八千枚で一両）、鉄一文銭（七千〜一万枚で一両）、真鋳四文銭（千五百〜二千枚で一両）、銅四文銭（千五百〜二千枚で一両）、鉄四文銭（一七五〇〜二五〇〇枚で一両）、真鋳当百銭（百文銭。六〇〜八〇枚で一両）

金・銀貨の単位は両《りょう》で、一両は四分、一分は四朱だった。銀貨のうちの丁銀（なまこ銀ともいう）と豆板銀は銀塊ないしは銀片で、目方を測って用いる貨幣。銭貨の単位は文《もん》で、幕府が決めた法定相場は四貫文（四千文のこと。尺貫法では貫は一千の意味）が一両だったが、幕末には六

〜八貫文が一両に相当するほど、実際の相場は下落していた。

右の貨幣のうち、日常生活に用いるのは銭貨だった（金・銀貨は大口取引きだけ）。そのため、たとえば、銭湯が四文程度だった頃の時代に、もし一両小判で代金を払ったとすれば、とんでもないことになる。一両の実質相場が銅貨で八貫文（八千文）と仮定して、おつりは七九九六文だから一分銭なら八千枚近く、真鋳当百銭でも八百枚近くになる。おつりを払うほうも、もらうほうも、この上なく不便だということがわかる。これは極端な例ではあるが、金銀貨と銭貨を交換する銭両替屋は、だから必要不可欠な商売だったのである。


善次郎の回想談によれば、当時の銭はずいぶん不揃いで、一文の銭が一匁（三・七五グラム）より重いものもあれば、その半分ぐらいの重さしかないものもあった。それを、欅《けやき》か何かで頑丈にこしらえた大八車に、八貫目（一貫は三・七五キログラムなので三〇キログラム）ぐらいの包みにして載せ、彼自身、あるいは店の小僧がこれを引いて歩いたのである。

芝から日本橋へ持って来たり、牛込から京橋へ持って行ったり、一〇町も二〇町も歩いた。また、長さが四尺、幅が二尺ぐらいある布地でできた大きな財布に銭を詰め込み、それを麻の縄でグルグル巻いて三角にし、これを二包み、肩にかついで歩くこともあった。これで重さは七〜八貫（三〇キログラム弱）ある。銭湯などで銭を両替すると、その財布を開いてまた麻縄でしばってかつぐのである。だから「他の商売より両替屋の小僧は力があった」。

両替手数料はどのくらいだったかといえば、一両について一〇文から二〇文。「百両につき二貫（二千文）の利益が出ることになり、日に二貫儲かると月に九両いくら儲かる勘定である。生活費はやや半分余りで、そのかたわら本業の鰹節、海苔で儲かる。結局二両や三両残る勘定で……」と、善次郎は新乗物町時代を回顧している。

しかし、これでは開店から二年間に四三〇〇両の大金は稼ぐことができない。いちばん大きい利益は、貨幣相場の変動によるものだったのではないだろうか。

前に記したように、銅銭と鉄銭とでは一両についてその価値に一千文の差があった。鉄銭は錆《さ》びてしまうからだが、一般の人だと銅銭と鉄銭を選《よ》り分けて支払うわけではなかった。そこを、両替商は選り分けることで、利益を上げたのである。

一八世紀の初頭には金一両は銭四貫文（四千文）だったのに、一九世紀後半の幕末には、銭相場はその価値が半分近くに下落していた。そしてそれは、小幅だが毎日変動した。そのために、両替商は取引所で銭貨を毎日売買していたのである。円やドルの現在の売買と同様のことをしていたと思えばわかりやすい。善次郎の手記には次のように書かれている。

「銭両替商の小売りとは、金《きん》を持って行って銭と取替える、銭を持って行って金にしてもらうことである。本両替も銭両替も両替町に会所がある。……毎日夕刻から集まって売買した。それが翌日の相場になる。上がったときにはなるたけ売払う方がよろしい。翌日になれば下がる」

「アリは売り、ユキは買いということであった。これが〈アリ〉でこれが〈ユキ〉だ。手の持ち方で直接算盤《そろばん》になっている。一、二、三、四、五とすっかり握るとこんなである。それから手を返すと六、七、八、九、十となる。手をちょっと握ると五となる。それを隣の人に知れぬようにこれがアリ、これがユキ、百両三ツ行こう、いや一ツにしよう。……買うような顔を見せておってポンと売る。売ろうというような気色を見せて売ったのではいけない。……それが一つの巧拙《こうせつ》。その売買のできたものの平均をとってその翌日の相場にする。相場は、私が始めて出ましたときには一両について六貫二百匁。だんだん進みまして一一貫までになった（銭貨の交換価値が下落した）」

「安田封金包み」は信用度最高だった

銭両替の専門店になった「安田商店」は、幕末の不安定経済が幸いして、また一気に飛躍する。幕命により古金銀の回収を一手に引受け、これによって大きな利益がころがりこんだのである。

開国によって諸外国との貿易が始まって以来、日本の「金」はどんどん外国に流出した。その最大の要因は、欧米諸国における金と銀との比価が一対一五だったのに対し、日本のそれが一対五だったことにある。

日米修好通商条約（一八五八年）による国際的な取決めでは、「洋銀（メキシコドル）一枚（一ドル）が一分銀三枚」で、日本国内では「一分銀四枚が小判一枚（金貨一両）」というのが当時の交換レートだった。だから外国商人たちは、洋銀四枚（四ドル）を一分銀一二枚（三両）と交換し、これをまた小判三枚（三両）に換えて本国に持ち帰り、鋳潰して地金にしたあとでこれを売った。こうして、もとの三倍のメキシコドルを手に入れることができたのである。その結果、日本の開国直後に、推計で五〇万両の金貨が海外に流出したといわれている。

これは大変というわけで、徳川幕府は金貨と銀貨の交換比率を改訂し、同時に純金の量を減らした安政小判、安政一分金などを改鋳し、さらに純金量を大幅に減らした万延金貨をつくって国際水準に合った金銀比価を実現させた。こうして金貨の海外流出を防ぐことに成功したのである。

徳川幕府から古金銀回収の話が来たのは、純金の量をぐっと少なくした万延金貨を鋳造するにあたって、金の量が多い天保金貨や安政金貨を引取るためである。それは、万延金貨の発行から七年後の慶応三（一八六七）年のことだった。

こうした仕事は、本来貨幣の鋳造所である金座や銀座、ないしは本両替商がすべきものだったのだが、前述のように現金強盗が横行して両替商がほとんど休業していたので、勇気をもって商売をつづけていた善次郎に白羽の矢が立ったのである。

『克己実話』（明治四五年）に、著者安田善次郎は、その次第を次のように書いている。

幕府の金座銀座を当時統括していたのは、勘定奉行の吟味役（今でいえば、財務省の造幣局長）で、沼間《ぬま》平六郎といった。ある日彼が私に会いたいと言ってきたので出向いたら、「お前は両替屋で、組合の世話役もしているそうだが、御公儀のために一つ働いてくれまいか」と切り出した。

「何でございますか」と正面に座ってしきりに頭《かしら》を下げていると、

「古金の引替えだ。本両替屋が皆休業しているので、お前を見立てて頼むのだが」との話。

しかし「まことに有難い仰《おお》せでございますが、銭両替の私にはそういう資金はございませ

ん」と答えると、

「そうか。それならいくら資金があったらいいのかな」と聞くから、

「五百両や一千両では困ります。二千両か三千両はなければ」と大いに口はばったい答え方をしたのだが、

「よろしい。三千両のお金を貸そう。それで古金を引換えて上納しろ」

この言葉に夢ではないかと驚いて「ありがとうございます」とお礼を言って帰ったが、翌日幕府は車に積んで三千両を運んできた。

しかし、困ったことにこの三千両（おそらく万延金貨の大判、小判、一分・二分・二朱金など）の仕舞いどころがない。いろいろ考えて天井に上げたり梁に載せたりした。それから仲間中に触れ回ってこれを古金に引換えたが、古金は安政二分金、天保二朱金が多かった。

その古金を幕府に納める手数料として一匁五分もらった。そして、古金と交換した新金（万延金貨）を買いにくると二匁に売ったから都合三匁五分儲かった。それで一人占めだった。これで身代もこしらえた。

本人は右のように書いているが、『安田銀行六十年誌』（昭和一五年）によれば、集めた古金銀の鑑定料が「金貨百両につき二匁五分」、幕府への「上納取締手数料は三匁五分」だったから、

一〇〇両の取扱いについて「純利益は六匁」にもなったとある。一両は銀では六〇匁に当たるので、幕府からもらう手数料と客から古金を買い取って得る儲けとを合わせ、交換利益率は〇・一三三%だったということになる。

「これで身代をこしらえた」と善次郎は書いているが、数字で示せばどうなるだろうか。

彼が「安田屋」を開店した元治元（一八六四）年三月における純資産は二五両だった。それが三年後の慶応三（一八六七）年一月には六五九両に激増した。さらに、慶応三年の年間利益は一三二二両にものぼり、結局、慶応四（一八六八）年一月の資産は一九八三両に大膨張していた。ということは、開店からわずか四年間で資産（身代）は八〇倍にふくらんだことになる。

慶応三年における異常な儲けぶりについて『安田銀行六十年誌』は「（この一年で）資産の二倍以上の利得を収めたのである。これ……古金銀買収の必死の努力に対する報酬であった」と記している。

善次郎の乗った幕末という「時代の大波」は、実はもう一つの大儲けを彼に用意していた。本来は「本両替商」でなければできない「封印」をしていたことである。

歌舞伎の有名な演目に「封印切」（原作は近松門左衛門の『冥途《めいど》の飛脚』）というのがあるので知っている人が多いと思うが、江戸時代には、紙に包まれたままの金・銀貨（封金、包み金）が、そのままの状態で流通していた。たとえば「二分判伍拾両、安田屋善次郎包」と記して印判を押してあるお金の包みは、二分判銀貨が一〇〇枚入っていることを示し、中味は確認されずに（封印されたままで）、商品やお金と交換されていたのである。

金座や銀座で鋳造された金・銀貨は、一分判の金貨四〇〇枚を包んだ「一分金百両」とか一分判の銀貨一〇〇枚を一包みにした「一分銀二十五両」と書いて流通市場に出てくる。これが「座包み」で、流通過程で包みが解かれると、今度は本両替商が「包み替え」をした。

善次郎がこの業界に入った当初は、本両替商は江戸に一〇人いたが、世の中がどんどん物騒になって行き、彼らは次々に休業した。そこで有力な銭両替商が肩代りにこの「包み替え」を引受けたのだが、なかなか信用されなかった。ところが、銭両替商であっても、善次郎の封金だけは別で、唯一信用されて堂々と流通することになった。彼の回想記は次のようにその次第を述べている。

「安田屋善次郎という包みが御維新少し前から出まして、江戸は申すに及ばず、横浜まで包みなりで通用しましたことを、私はまことに名誉と考えていたのであった。……その包み賃は一個二匁でありますが、これはなかなか儲かった。私一軒になったものですから、多いときには日に三〇個も五〇個も包んでいた。二五両の包みである。若い者が六人ぐらい控えておりましてこれを封じる。……そのほうが銭（両替）の儲けより多くなってきた」

善次郎の鑑定眼を裏づける話だが、「かくの如き霊妙の手腕はどこよりくるか」と題した記事で彼は、次のように回顧している。

安田善次郎封金包。2分金を100枚、50両分封入してある（『安田保善社とその関係事業史』から）

「両替店をしていたとき、古い金銀貨を仕切りのついた一種の勘定箱に入れてざらざらと振れば、例えば金貨ならば、それが一個一個仕切りの目の中に嵌《は》まる。それで、これらをグルッとひと目見回すと、ニセものはすぐに発見されたものである」（『太平洋』明治四二年九月一五日号）

金札（太政官札）の差益でまた大儲け

善次郎にもたらされた金儲けの次のチャンスもま

た、明治維新という日本歴史の大激変が、彼のために用意してくれたものだった。

慶応三（一八六七）年一二月九日、朝廷が王政復古の大号令を発して徳川幕府が廃止され、新政府が成立。その後、抵抗勢力を排除するための戦争（いわゆる戊辰《ぼしん》戦争）が、「鳥羽・伏見の戦い（慶応四年一月三日。京都）」をはじめ、会津、北越、函館（明治二年五月一七日に榎本武揚らが降伏）などを舞台につづいた。

ところが、新政府にはそのための戦費がなかった。そこで、幕府の御用商だった三井組、小野組、島田組[*20]をすでに前年の一二月二六日に新政府の御用達に任命し、その月末にはこの三家に各一万両を献金させ、鳥羽・伏見の戦い後の慶応四年一月一九日にも、各一万両を追加献金させた。それから一〇日後の一月二九日、新政府は三井組をはじめとする京阪の為替方《かた》両替店一五〇人を招集してさらなる献金を要請した。これに応えて、三井等三家、残り八軒の両替商、鴻池その他の大阪の一五の豪商など京阪の商人は、総額一〇万両を拠出した。有栖川宮熾仁《たるひと》親王を大提督とした倒幕軍（いわゆる官軍）の軍費は、こうしたお金によってまかなわれたのである。

上野の彰義隊の戦争（五月）、会津若松での戦争（八月）、あるいは函館でのそれの軍事費調達についても、政府はまた五〇万両の供出を命じた（四月一四日）。三井組ら三両替商はやはり一万両ずつ出し、残りを大阪の一五の豪商がまた負担した。

慶応四年（一八六八年）は九月八日に明治元年と改称されたが、この年の九月から一二月にかけて、七月一七日に「江戸」から改称された「東京」に明治天皇は行幸された。これにかかった八〇万両の費用についても、政府は前記の関西の商人たちに援助を仰がなければならなかった。

しかし、それでもなお、財政資金は足りなかった。やむなくとった政府の対策が、不換（金・銀貨との交換が不可能な）紙幣の発行である。それは慶応四年四月から流通しはじめる「太政官《だじょうかん》札《さつ》」（「金札《きんさつ》」ともいう）で、全国に通用する日本初の政府紙幣だった（各地の諸藩はすでに「藩札」を出していた）。それは、一〇両、五両、一両、一分、一朱の五種類で、翌年の五月までの短期間しか通用しなかったが、総額では四八〇〇万両発行された。

発行の名目は、これを諸藩や人民に貸し下げて産業振興資金にするということだったが、実際にはその三分の二が、軍事費や行政費に使われたのである。そうした理由と、政府の信用がぜい弱なのにこれを増発したために、その価値はどんどん下落していった。そのため政府は、たとえば「明治元年の納税のうち金納分はすべて紙幣にせよ」といった布告まで出した。しかし、この下落をくい止めることはできなかった。

こうしたピンチに政府が頼ったのが、古金の引換えで大いに働いてくれた善次郎だったのである。彼の回想記で、その後何があったかをたどってみよう。

「その（古金引替えの）後は両替屋というものが何にも仕事がございませんでしたが、突然東京府へ呼ばれまして、このたびこういうお札《さつ》を発行する、よって貴様の店でこれを使用しろ、お受けしろということであった。江戸中の両替屋へ残らず一〇万両。どうも驚いてしまった。一〇万両をタダで貸すという。しかし、誰も借りようと言わないに決まっている。正金ばかり使っていた所へ新政府が発行したお札を使えというのである」

「仕方がないから、いやいや引取った。もっとも無利息で五〇ヵ年賦に返すのであった。先頃亡くなりました由利公正《ゆりきみまさ》（明治新政府の参与兼会計事務掛で、三井組他の豪商に献金を要請したのも、大政官札発行の建議をしたのもこの人である。没年は明治四二年）という人とはその時分からおなじみになりましたが、商売の冥利だからお前はお受けするがよいと、この人の公儀のお言葉でございましたから、お受けはしたものの、会所（組合事務所）へ持ってくると誰も預かる人はいない。仕方がないからその一〇万両を八組に分けた」

「それで自分は一番先に二千両借りた（『安田銀行六十年誌』では一千両）。しかし、みんなこの札を厭《いや》がりましたものですから、九〇両から八五両になり八〇両になり、翌年（明治二年）の四〜五月になって四七両まで下がった。さあ、まっ青になってしまった。夜も寝なかったことがありましたが、しかし、私は大いに信ずる所があり、これは今に回復するに相違ない。その信念はどこから出たかといえば、私の生国《しょう》は前田藩で、ここではしょっちゅう藩札を発行していた。通貨はみなお札で、私の藩ではお札に慣れている。一匁、二匁という銀札でしたが、一両につき一〇〇匁のはずが一二〇匁にお札が下落することがある。すると殿様から曲事《きょくじ》申し付けられるというようなお触れが出る。そうすると人々は震えあがってしまい、たちまち価《あたい》を上げてしまう。それに慣れていたから、今に政府が曲事申し付けの触れを出すに違いない。だから心配するには及ばないと腹を決めていると、案の定八月にそれが出た（四月二九日、政府は「金札兌換と打歩《うちぶ》禁止」という布告を発令している）。しめたと思っていると、二〜三ヶ月経つと正金とお札が同じになり、私どもは損せずに済んだ」

「打歩《うちぶ》」というのは両替用語で、通貨における表面上の価格と実質上のそれとの差を意味するが、右の布告には「正金金札引替えに打を取り候者は、その打金だけの罰金を差出すべきこと」などとある。

善次郎は「私共は損せずに済んだ」と書いているが、実際はこの布告の効果で、それ以前と以後の大政官札の値開きにより、莫大な利益がころがりこんだのである。彼がつけていた「考課状」と称する会計帳簿によれば、明治三年一月決算の利得金は八五九六両で、これに伴い資産は一万四二八四両に急増している。明治二年九月七日の時点で資産は五六八八両だったので、わずか四ヶ月で彼の資産は三倍近く増えたことになる。なんという儲けぶりだったろうか。
彼が上京するときの目標だった、一千両の金持ちになってからわずか三年間で、これが一四倍にもふくれ上がったことになる。しかし彼は、この程度では満足しなかった。

明治二（一八六九）年一〇月には質屋を兼業するのである。理由は、銭両替の店ではお金を貸したり預かったりする業務が許されないが、質屋の鑑札があれば、それができたからである。つまりは、これによって銀行的な色彩と信用が強固になり、二年の末には早くも自己資本よりも預金高が上回るようになった。『安田銀行六十年誌』は、この傾向を次のように解説している。
「全国銀行勘定においてこの現象の現れたのはずっと後の明治二九年であったのだから、安田商店における運用資金構成上の進歩性は正に注目すべきであろう」

明治三年末の時点で「安田商店」の資産は二万六〇九両になり、四年末の時点で二万三四二六両になった。五年の三月には念願の「本両替商」の鑑札を手にした。このとき、善次郎は三五歳である。明治五年と六年の決算では不況で赤字が出たが、安田商店は金融業者として最も重要である預金の獲得に努力を注いだ。そして実現を見たのが司法省の金銀取扱い御用（明治七年四月）と為替方御用（同年一〇月）、東京裁判所の為替方（八年八月）および栃木県庁の為替方・金銀取扱い（同年一二月）御用である。

当時、官金というものは、大蔵省からたとえば司法省に年額で百万円ほどが年二回に分けて支給されたが、その際司法省は、当面支払いが必要な分以外は為替方御用に無利息で預けた。安田商店は、いわばこの遊び金を上手に運用して大いに利益をあげたのである。

栃木県の場合、全県下の税金まですべて安田商店扱いになった。そのため、県庁内には「安田商店栃木支店」まで設置された（明治九年七月）

こうした官金は当時の「安田商店」の総預金額の五六％（明治八年末）、七二％（九年末）、四四％（一〇年末）といった割合になっていた。しかもこうした預り金を運用するためにこれ以上ない最適な材料があった。明治新政府が華族や士族を対象に発行した秩禄公債《ちつろく》（明治七年、年利八％）、金禄公債《きんろく》（明治九年、年利五～七％、発行総額一億七千余万円）などの国債である。

お金に困った士族たちは当然秩禄公債を売りに出す。市場価格は著しく下落し、額面の七割まで暴落したときさえあったから、安全性と高利回りの好条件を持った投資対象だった。さらに貸し付けの担保としても最適だったから貸付業務が一段と拡張した。かくて安田商店は、官金取扱いと国債のおかげでまたまた大躍進を遂げたのである。

善次郎の特異な人材選び

安田グループの揺籃《ようらん》期ともいえる「安田商店」時代は、二〇代後半から三〇代前半の善次郎にとっては青春時代であったと同時に、世は武家社会から平民社会へ大転換した近代日本の発足期でもあった。まことに幸せな出会いであり、これが同時代の実業家の誰にもまさる大成功をもたらした所以に違いないが、しかしこのとき、世間には知られていない四人の人物がいたことを、善次郎は後年しつこいほど何度も話したり書いたりしている。それは彼の妻と、創業時代に彼の手足となって働いた三人の店員のことである。

『実業之日本』（明治四三年一月一五日号）に寄稿された「余の創業を輔《たす》けた四人の内助者」を用い、夫人のことは省略して平吉、長吉、忠兵衛について、三小僧を、彼がどれほど高く評価していたかを再録してみよう。

自分は三井や三菱のように、いわゆる「人材」なる者を集めることを敢えてしなかった。それは元来自ら計画し自ら実行するタイプ、つまりは司令官兼参謀長なので、幕僚《ばくりょう》の必要性などトンと感じなかったからだと、彼はまず説明する。したがって、自分の部下に当たる店員は、自分の命令に絶対服従してその意図を確実に実行し、全て己れを殺して自分の手足となって働く者でなければならない。「人材」よりもそのような人物を必要としたということを強調し、そのうえで三人の忠実な店員について、善次郎は次のように説明した。

日本橋人形町通りの新乗物町に、露店ではない初めての店を持った当時、平吉、長吉、梅吉の三人の小僧を雇い入れた。このうち、梅吉は気に入らない行動があって解雇したが、ほかの二人は小舟町に移転して両替専門の「安田商店」になって以後もよく働いた。当時はすでに一四～五人の小僧や番頭がいたけれども、この二人が特に自分の指揮に従い、律義で正直で綿密で、「山っ気といったら露ほどもない」「あてになる」男たちで、帳面を任せても大丈夫、金庫の鍵を渡しておいても安心できた。まことに自分と「一心同体」といえるほどだった。

ところが、そのうちの一人である細田平吉は、明治二年七月六日、自分が横浜へ送るべく持参させた銀貨（四千両）を持って汽船に乗り込んだ際、運悪く汽船のボイラーが破裂したため重傷を負って帰らぬ人となった。しかし、彼は死の直前、わが身の苦痛は全く訴えずに、駆けつけた善次郎を前に「お金はどこにあるの。主人に対して申し訳ない。このままでは死んでも死にきれない」とお金がなくなったことをうわ言のように口走り、お金の所在ばかり聞きたがった。幸いなことに、翌朝汽船会社からお金が見つかったという通知があり、それを聞いた平吉は、いかにも心地よげにニッコリ笑って、眠るがごとくに静かに瞑目してあの世へと旅立って行った。

その時平吉はわずか一五歳だったが、この年頃で主人の家の災難を忘れなかったその高潔な心に感動した善次郎は、その死と同時に平吉を自分の養子としてもらい受け、安田家のお墓に埋葬した。さらに平吉の実家にその後いく分かの手当を送りつづけた。

平吉の死後、その勤めぶりは平吉に劣らないだけでなく、その代わりを一身に引受けて忠実によく勤めたのは長吉で、長ずるに及んで番頭に昇進してもその言行が小僧時代の忠実さ、勤勉さと少しも変わらなかった。そこで善次郎は、後年長吉を安田十一家の中に入れて、「安田善助」の名前を与えた。

もう一人は善次郎の妹と結婚して入婿《むこ》になった安田忠兵衛である。

彼は、結婚と同時に富山から上京して「安田商店」に勤務し、明治初年から二九年に物故するまで働いた人で、名前は、善次郎が丁稚小僧時代に名乗っていたその名を与えた。

とにかく、主人の命令に奉ずることは尋常でないものがあった。自分はかなりな癇癪《かんしゃく》持ちで、やかましく、自分の思ったこと以外は行動しない流儀だったため、相当にひどい叱り方もした。無理なことも命令した。しかし、忠兵衛は一言半句もこれに反対せず、いやな顔さえ見せずに辛抱した。何事にも綿密で誠実、一点一画といえども気を抜かない。「この人に一事を命ずると何でも完全に成し遂げねばおかなかった」。そのうえ温厚で親切なので部下も心服し、家のお手伝いさんまで彼になついていた。自分が開拓して行けばこの人が後《うしろ》に回ってまとめる役で、三菱でいえば岩崎弥太郎[*21]に対する弥之助（弥太郎の弟で二代目オーナー）の役回りをした人である。

のちになって、彼も第三銀行（安田銀行）の支配人にして、長い間すべてを任せたけれども、一度もミスをしなかった。

昭和五年発行の『日本財閥の解剖』で、著者の高橋亀吉は、安田グループが三井、三菱、住友に次ぐ四番目の規模を持つことを、さまざまなデータで紹介したうえで、経営手法の特徴を次のように結論づけている。

上位の三グループは、慶応義塾や東京商業学校（一ツ橋大学の前身）の卒業生や旧士族、天下りの官僚といった参謀格の人材（中上川彦次郎／三井、益田孝／三井、荘田平五郎／三菱、豊川良平／三菱、広瀬宰平／住友、伊庭貞剛／住友 等）によって経営基盤が固まったといえる。対して安田グループは、参謀長の善次郎がすべての指揮をとり、平吉、長吉、忠兵衛らがそれに忠実に従うことで成功し発展したといえる。五位、六位の「大倉」や「古河」も、トップがワンマンだったとはいえ参謀格の人材に経営判断の多くを任せており、この点で安田善次郎の経営手法はきわめて特異だったといえる。

20 明治維新期の三大豪商。今でいえば総合商社と銀行（両替商）を兼ねた大企業。ともに明治新政府の財政を支える為替方になった。

21 巨大企業グループ「三菱」の基礎を築いた実業家。土佐藩の商事部門に関係したことから、維新後三菱汽船会社を設立し、海運業を独占して巨利を得た。

第四章

銀行・保険

――「銀行王」誕生の秘密

第三国立・安田銀行を相次ぎ設立

明治五（一八七二）年一一月、明治政府は「国立銀行条例」なるものを公布した。日本における、正しい意味での銀行の誕生である。

当時すでに「為替会社」と称する銀行類似の金融機関が全国に八ヶ所設立され、預金や貸付けの業務を営んでいた。しかし、そのほとんどがうまく機能せずに解散したので、アメリカのナショナル・バンク制度を模範にした近代的銀行制度をつくることにしたのである。政府は民間に次のように呼びかけた。

「このたび、正金引替の紙幣を発行する銀行創立の方法を制定し、あまねく頒布せしめ候条、望みの者はその力に応じて願い出で、右銀行創立すべし」

翌明治六（一八七三）年六月以降、第一（東京）、第二（横浜）、第四（新潟）、第五（大阪）と四つの国立銀行が設立された（第三は申請はしたが開業前に解散）。しかしこの段階で深刻な困難に直面し、第五で設立願いはストップしてしまう。

この制度で資本金の六割を政府に納入すれば、一円・二円・五円・一〇円および二〇円の銀行券を発行できる特権が与えられたが、正貨（正金）との交換が可能になっていたため、発行したとたんに正貨に交換されるケースが多発したのである。これでは、銀行紙幣は民間に流れず、手持ちの正貨も枯渇してしまう。

やむなく政府はこの条例を大改正した。正貨との交換（金貨兌換《だかん》）の対象を政府紙幣に変更したうえ、前述した金禄公債などを抵当にして、資本金の八割まで銀行紙幣を発行できるように変えたのである。明治九（一八七六）年八月のことである。

第三国立銀行発行紙幣。安田善次郎と安田忠兵衛の名前も記してある（『安田保善社とその関係事業史』から）

金禄公債は、当時全国に三一万人以上いた華族や士族へのいわば退職一時金で、それまでの現金支給（金禄）を止して、禄高に応じて年利五～七％の公債により支給された（明治一一年から）もの。総額一億七〇〇〇万円以上の巨額公債の発行は、必然的に価格の下落を招いたので、その防止策として、この公債を国立銀行設立の資金に利用させることにしたわけである。果たしてこの大改正は功を奏し、「国立銀行」は、結局日本全国に一五三行も設立されるほど盛んになったのである。

善次郎は、最初の銀行条例では全く動こうとしなかった。

しかし、太政大臣・三条実美《さねとみ》により[*22]「大蔵省へ出願の上その免許を受け候よう致すべく、この旨布告候事」と改正条例が発表された翌日、明治九年八月二日に、「国立銀行創立願」を大蔵省紙幣寮に提出した。この願書によれば、発起人は、川崎八右衛門（東京・本所）、市川好三（山梨・五明村）、鈴木要三（栃木・日光奈良村）、安田忠兵衛（東京・小舟町）、安田善次郎（東京・小網町）である。

設立は許可され、「第三」の銀行名をもらうこともできた。大阪の鴻池善右衛門[*23]らが創立した（明治六年六月）ものの、都合で開業前に解散して欠番になっていた「第三」と、安田家の遠祖である「三善家」の「三」との縁からこの名称で申請したところ許可されたのである。

新銀行の資本金は二〇万円。善次郎が頭取、川崎八右衛門、市川好三ら四人が取締役、安田忠兵衛が支配人にそれぞれ就任し、安田商店の向かい側にあった日本橋小舟町三丁目一〇番地の、善次郎所有の土蔵を店舗にして、この年一二月五日に開業した。

その後続々と設立された他行が「御用」と書いた高張提灯を掲げたり、士族と平民の勘定を区別するなど官尊民卑的色彩があったのに比べ、第三国立銀行は店頭に暖簾《のれん》を下げて旧両替商の面影を残し、いわゆる「前垂れ式」の庶民的な営業に徹した点で、大きな特色があった。同行三〇周年記念に際して、創設の目的などについて善次郎は次のように回顧している（明治四〇年）。

「第三銀行の目的とする所は、商工業者の金融機関としてその利便を図るにあれば、極めて平民的に、またすこぶる実際的に業務を営みしが、幸いにして商工業者の愛顧を受くる所となり、華客（お得意客）店頭に満ち、営業日に月に発達することを得たり。故にこれより以後続出したる銀行は、皆範を第三銀行に取り、あるいは行員を派し、あるいは頭取自ら来りて業務の方針および執務の方法を習得したるもの実にその数少なからず」

第三銀行本店（『富士銀行百年史』から）

明治九年は「第三」だけだが、一〇年は二二行、一一年は六八行、一二年は五六行の国立銀行が開業している。設立者のほとんどは銀行経営をしたことがない素人だったので、開業準備は善次郎に頼らざるを得なかったのである。記録に残っているだけでも、第十四、十七、二十八、四十一、百、百三、百十二などの国立銀行の設立は、善次郎が助成している。自著である『意志の力』にもこうある。

「銀行の事をいえばまず日本では私が元祖のような有様であった。銀行設立の手続きを聞きたいと政府に行くと、政府は安田に行って聞けといわれた位で、帳簿の整理法から事務の練習、その他すべてのこと、皆私の所に見習いにきた」

しかしまた同時に、新頭取の善次郎は自ら出願して、大蔵省が実施した「銀行簿記精法」の講習会を行員とともに受講し、欧米の近代的銀行会計を学んだ。頭取の立場と、四〇歳というこのときの年齢を考えれば、普通の人にはとてもできない行為といえる。そんなわけで、第三国立銀行の会計業務は近代的な簿記法によって処理されたが、まだ残っていた「安田商店」の諸勘定も、このとき以降は大幅帳式でなく貸借仕訳法に改められたのだという。

その安田商店も実質的には銀行と同じ業務を行っていたので、善次郎はこれを私立銀行に転換しようとした。「国立銀行条例」によって当初は「国立」以外に「銀行」の名称が許されなかったが、銀行条例の大改正で全国に多くの国立銀行が設立されたため、逆にその設立が制限され（明治一二年）、今度は紙幣発行権を持たない、純然たる普通商業銀行の設立が自由になった。そこで彼は、第三国立銀行とは別に、「安田商店」を発展的に改組した「合本《がっぽん》安田銀行」を設立したのである（合本は後の「合名会社」に当たる）。

明治一三（一八八〇）年一月に開業した「安田銀行」は、安田商店から引継いだ分をふくめた、二〇万円の資金で設立された。その本店は日本橋区小舟町三丁目一〇番地で、旧安田商店とかわらず、支店も同じ栃木と宇都宮。三一名の行員もまた旧店員がそのまま移行した。

興味深いのは株主の顔ぶれである。

それは、安田卯之吉（その後善四郎と改名。頭取）、安田忠兵衛（取締役）、安田善次郎（監事）、安田善之助、安田善三郎、安田善悦、安田長吉（その後善助と改名）、安田テル、安田ブンの九人だった。卯之吉、忠兵衛、長吉は安田商店の店員であるが、その他は単に安田家の家族にすぎない。「善悦」は父、「ブン（文）」はこの父とともに東京に移り住んでいた妹、「善三郎」は富山在住の親戚なので納得がいくが、「善之助」は彼の長男だがまだ五歳だし、「テル（暉子）」はまだ三歳の娘（次女）だった。父親である善次郎は、二人の幼子まで一万円出資の資本家に仕立て、その株主の名を安田一族で固めたのである。

こうして、安田善次郎は二つの銀行を経営することになる。彼は両銀行を次のように使い分けた。第三国立銀行は安田家以外の株主がいるが、安田銀行は安田一族の出資のみによる経営。また、「第三」は横浜・大阪・四国中国地方・九州などに店舗網を持つが、「安田」は東北・北海道など北の方に支店を持つ。

善次郎は安田一族の結束を固めるために「保善社」なる私盟組織をつくったが、それは安田銀行の資本金を管理する目的を持っていた。

彼が五〇歳という年齢を迎え、父親の善悦が他界した年、明治二〇（一八八七）年七月に発足する保善社の創立意図を、彼は次のように話している。

「予は中興の財産といえども一己専有のものとせず、これを御父祖積善の余慶を天より与えられたるものなれば、すなわち御父祖の預りものと為し、今ここに一類一同に分割してこれが管保を委託し、その管保者を団結して保善社と名づく。しかしてその財産を持って安田銀行の資本金と為す。……同心戮《りく》力（心を同じくし力を合せ）本社を不朽に保存し、もって安田銀行の名称とその資本金を永遠に保続し永くその幸福を共にせんことを希望す」

同時に彼は全六六条の「保善社規約」を定めたが、その第二条を「社員は安田銀行の株主にして安田家一類血統の者に限るべし」、第一六条を「安田家の一類を左の三種に分つ。同家、分家、類家」としたうえで、第四一条を「安田家現在の財産を百万円と定め、これを安田銀行の資本金となし、左の如く分割管保すべし」と規定した。

五千株	五十万円	保善社総長	名義	
七百株	七万円	同家	安田善次郎（本人）	
七百株	七万円	同家	安田善四郎（養子）	
七百株	七万円	同家	安田善之助（長男）	
五百株	五万円	同家	安田真之助（次男）	
五百株	五万円	同家	安田三郎彦（三男）	
五百株	五万円	同家	安田忠兵衛（妹婿）	
四百株	四万円	分家	安田文子（妹）	
四百株	四万円	分家	安田善助（養子）	
三百株	三万円	類家	太田弥五郎（妹婿）	
三百株	三万円	類家	藤田袖子（夫人姉）	

こうして、資本金を二〇万円から一〇〇万円に増資した安田銀行は、後年安田銀行の持株会社に転ずるこの「保善社」と「一心同体のもの」として経営され、以来飛躍的に発展していったのである。

「安田銀行」の資本形態は「合本」から「合資」（明治一六年）、「合名」（三三年）、「株式会社」（四五年）となり、「第三国立銀行」もまた「銀行条例」の施行により「第三銀行」と称する普通銀行に転換（明治二六年）。両行とも、どのような経済的不況に対しても、一度たりとも動揺せずに成長を持続し、善次郎死後の大正一二（一九二三）年には、両行をふくむ一一の系列銀行が合併して、資本金一億五〇〇〇万円、全国に二一〇の支店・出張所を持つ、日本一の安田銀行に統合されたのである。

七〇余の破綻銀行を支援・救済

系列への参入や離脱、合併などをくり返すためデータは絶えず変動するが、明治末には、善次郎は以下の銀行を所有していた（『実業之日本』明治四四年一月一五日号による）。

安田銀行（東京本店と東北に二一店）
第三銀行（東京本店と大阪・島根・鳥取他に一二店）
根室銀行（根室本店と道内に六支店）
金城貯蓄銀行（東京本店と金沢支店）

群馬商業銀行（伊勢崎本店と県下の四支店）
信濃銀行（長野市本店と一四支店）
九十八銀行（千葉市本店と県下の四支店）
大垣共立銀行（大垣本店と岐阜県下の一三支店）
京都銀行（京都本店のみ）
明治商業銀行（東京本店と金沢支店）
日本商業銀行（神戸本店と各地に八支店）
百三十銀行（大阪本店と各地に八支店）
二十二銀行（岡山本店と県下に四支店）
十七銀行（福岡市本店と県下に数支店）
肥後銀行（熊本本店と県下に六支店と東京支店）
高知銀行（高知本店のみ）

第三銀行と安田銀行だけだったはずが、このときすでに右の一六行を擁していたわけである。しかし、このうち善次郎が直接創立したのは、「第三」「安田」のほか「根室」「金城貯蓄」「群馬商業」「明治商業」だけ。それ以外は経営破綻の危機に瀕して救いを求められた善次郎が、救済を引受け、蘇生させた銀行である。

「わが事業界を左右しつつある安田家の資本的勢力」と題する『実業之日本』のこの記事は、右の一六行の総合データを、

資本金／二一〇〇万円
預金額／一億一〇〇〇万円
積立金／六五六万円

と算定したうえで、次のように断言している。

「三井（銀行）の九三〇〇万円、第一（銀行）の五四〇〇万円は一銀行の預金として絶大だが、安田系の資力に比べれば遜色ありだ」

そして次のように続けている。

「独立はしているものの、一六の銀行はその間常にシンジケートを組織し、事があれば安田翁の一言で純粋な一個体となって活動する。翁はこれらの銀行に対して絶対の命令権を有している。五〇〇〇万円とか一〇〇〇〇万円とかいえば大金だが、各行にこれを分担させれば少くてすむ」

このとき三井銀行の資本金は安田銀行の一〇倍に当たる二〇〇〇万円だったのだが、全国に一二ヶ所しか支店がなかったため、一般大衆から集められるお金に関しては、安田グループの集金能力に太刀打ちできなかったのである。

右の雑誌記事からは一六行のうち一〇行が救済した銀行だと読みとれる。しかし実際は、吸収・合併・分離その他さまざまなケースがあって、安田系の銀行が大合同して一つになった大正一二（一九二三）年までの間に、実は七〇ほどの銀行を救済支援していた。

善次郎が第三・安田の両銀行を創立して以降、日本経済は好況と不況の波を何度もくり返しつつ成長・発展を遂げた。善次郎の死までのおよそ四〇年間に、以下に述べるような「恐慌」期があり、そのたびに多くの銀行がピンチに見舞われたが、そのうち、善次郎の支援によって、次に列挙したような銀行が救済されたのである。

一、明治一四（一八八一）年一〇月、松方正義[*24]が大蔵大臣に就任し、紙幣の整理、兌換制度の確立、日本銀行創設などの経済政策を強行した。その結果物価は下落し、商業は不振になり、回復までに数年かかった。この間に善次郎は次の国立銀行を救済した。

第九十八（千葉）、四十四（東京）、四十五（東京）、七十五（金沢）、七十八（八王子）銀行など。

二、明治二三（一八九〇）年、「日本で最初の資本主義的恐慌」とされる不況が来た。原因は新会社が急激に設立されたことで、そのために新興バブル会社が数多く破綻した。善次郎は、その余波を受けた次の国立銀行を救済した。

第八十四（大聖寺）、七（高知）、百三（岩国）、八十二（鳥取）銀行など。

三、明治三三（一九〇〇）年末から三四（一九〇一）年の上半期にかけ、全国で五〇の銀行が休業するという金融恐慌が起こった。日清戦争後の好景気とその反動が招いた結果である。このとき危機に瀕した次の銀行（「国立銀行」はすでになく、普通銀行に転じていた）が救済され、安田銀行に編入された。第九十八銀行はこの二回目の救済で安田系列に入った。

第九（熊本）、二十二（岡山）、九十八（千葉）、十七（福岡）銀行、京都銀行、肥後銀行。

四、明治四〇（一九〇七）年一月、日露戦争後の企業勃興の反動で株価が暴落。信用を拡大させていた一部の銀行が破綻しはじめ、三月末以降全国各地の銀行に預金取付けが発生した。「四〇年の反動恐慌」といわれるこの時期の救済と安田グループへの編入は、次のとおりである。

第五十八（大阪）銀行、高知、信濃（長野市）銀行、大垣共立（岐阜県大垣市）銀行。

五、大正九（一九二〇）年三月一五日、東京・大阪の両株式市場が大暴落。第一次世界大戦の好景気の反動恐慌が幕を開け、銀行の休業、破綻が相次ぎ、預金取付けが一六九行（本店六七、支店一〇二）を数える大金融恐慌にまで発展した。善次郎はこの際にも休業した次の銀行を救い、自行の系列下に編入した。

関西貯蓄銀行（徳島）、神奈川銀行（横浜）、栃木伊藤銀行（栃木市）。

右のうち三項の救済直後に、明治の代表的な雑誌だった『太陽』は、「安田家の手腕」と題する次の記事を書いている（明治三五年一〇月）。

「三井が一流か三菱が一流か世の疑問なれども、この両家に次ぐは安田家なることほとんど争う

京都銀行本店（『富士銀行百年史』から）

百三十銀行本店（『富士銀行百年史』から）

べからざるが如し。……安田銀行・第三銀行の他各地におけるあまたの銀行を助け、もしくはこれを買収し、その勢力を拡張しつつあり。近頃京都の銀行界に猿臂《えんび》を伸べ（猿のひじのように長く腕を伸ばして）これを買収し、伏見銀行を合併させ、一方には鴨東《おうとう》銀行に一五万円の貸出しを為して自家勢力の下に置きし如き、熊本の第九銀行を引受け整理しつつある如き、著しきものなり」

支援・救済は安田流の慈善心から

善次郎による銀行救済の具体例には、次のようなケースがある。

資本金二〇万円で鳥取市に設立された第八十二国立銀行は、創業一四年目に営業方針を誤り、資本金の四倍の欠損を出して破綻寸前になった。そこで整理救済を求めてきたのだが、とうてい見込みが立たないので善次郎は最初は断った。しかし、知合いの武井守正鳥取県知事から「地方経済のためだ。何とかしてほしい」と再三要請されて、やむなく現地に出かけた。

夜に到着して旅装を解いたときには、救済の噂がパッと拡がり、その夜、幼子《おさなご》を連れた七十ばかりの老婆の訪問を受けた。彼女は善次郎に会うなり泣き出さんばかりの面持ちになり、物も言えない有様。そこでなぐさめながら聞いてみると、老女は士族で女の子はただ一人の孫娘なのだが、その両親は病没して祖母一人孫一人で淋しく暮らし、幸い秩禄公債が残っていたので、これを第八十二銀行に預け、その利息でやっと生活していた、というのだった。

老女は、「銀行が潰れたら、あとに残されるこの孫がどうなるか、心配で夜も眠れません。何とか救って下さい」と哀願した。そこで善次郎はつい情に動かされ、ともかく老女をなぐさめるつもりで「そんなに心配されなくてもいいですよ。私が何とかしますから」と言ってしまった。

翌日から調査に入ったが、内情は予想以上に悪くて断るしかないとの結論になった。しかし、それでは老女を裏切ることになる。一時はその去就に迷ったのだが、意を決して整理を引受けることにし、その旨を現地で発表したのである。結局この更生は成功し、本店を東京に移してから同行は第三銀行と合併。消滅したのである（明治三〇年）。

また、明治三三（一九〇〇）年末には、熊本の第九銀行が、熊本電灯会社と熊本紡績会社に巨額の情実融資をした結果破綻した。

この年の一二月二〇日、頭取は日本銀行に救済を求めるため上京。そこで、「貴行の大株主の肥後銀行が乗り出すなら援助する」と告げられる。これを受けて肥後銀行にかけ合うが、九〇万円の預金総額に対して一四〇万円もの損失額があることがわかり、肥後銀行が援助を断ったため、同月二五日に万策尽きて休業した。

支払停止の発表があるや、同地方の第百五十一、九州商業、九州貯蓄銀行などに預金取付けが波及し、容易ならざる事態となった。そこで熊本県知事が、第九銀行の頭取に対して善次郎に救済を求めるよう要請した。しかし、頭取の訪問を受けた善次郎は、「更生の見込みなし」として謝絶したのである。ところが、その後松方正義や井上馨[*25]らが仲介に乗り出してきたため、善次郎はやむなく承諾して検討することになり、翌明治三四年二月に自ら熊本に出向いた。それから八年後に彼は次のように回想している（『実業之日本』明治四二年四月一日号）。

「熊本の第九銀行のときは、普通の手段では信用を回復するのは無理なので、〈この銀行は私が引受けます。皆さんご安心下さい〉と宣言して銀行の帳場へ坐りこみ、顔を投げ出して取組んだので、悲惨な末路を避けられたのです」

このときは三月二七日に整理引受けを決め、五月一日に営業を再開したが、初日の預金支払額が一〇万円で預入額が二万円あり、予想以上に平穏だったという。同行は善次郎の相談役就任とともに系列銀行に組入れられた。

安田が救済した約七〇行のうち、善次郎が最も強く反対し、にもかかわらず引受けることになったのが、百三十銀行の事例である。これは、日本の銀行の歴史上特筆すべき出来事になった。

同行は資本金三二五万円、貸出額一三〇〇万円ほど、支店は一四。十数の会社に関係する松本重太郎[*26]を頭取とした関西の有力銀行だった。それが、前述した明治三四年の恐慌時に、松本が経営する関西貿易会社が倒産したことなどを発端に、日露戦争開始の年、明治三七年四月に窮地に追い込まれた。やむなく日銀は一〇〇万円を融資した。

しかしその後も京都支店、西陣支店などに取付けが起こり、善次郎は救援を依頼された。そこで調査に着手したのだが、頭取からは銀行の休業を知らされ、帳簿の検査も止められた。六月中旬のことで、このため第一回の救援は成功しなかった。同行は休業で時間稼ぎはしたものの、事態はかえって悪化していった。帰京して二週間後、善次郎は政界の元老・井上馨に呼び出された。七月二日朝八時に井上邸に参上すると、総理大臣・桂太郎と大蔵大臣・曽禰《そね》荒助（井上や桂と同じ長州出身）も待っており、この三人からなかば強制的といっていい懇請を受けた。善次郎がのちに語ったところによれば、次のような説得だったという。

「私にはとてもできません」

「そうでもあろうけれど、百三十が破産すると容易ならぬことになる。この場合は一銀行の為でなく、国家経済上に紊乱《びんらん》を来すおそれがある。どうか国家に奉公すると思って、一つ尽力してくれぬか」

「そう言われても、人にはできるか否かに程度があります。できないことをやっても、とても成し遂げることはできません」

「この戦時に、軍人は生命を賭して戦場に向かう。君も戦場については心配しないことはなかろう。もしこれが一朝大変なことになって、戦《いくさ》の方にでも及ぼすことになったらどうだろう」

「このたびの軍用金として、私は政府に一〇〇万円を献納いたしますから、救済の命令だけはご免を蒙《こうむ》りたいと思います」

しかし、総理大臣・桂太郎は次のような重大事を善次郎に告げた。

「すでに聖上陛下にも奏上して、よんどころなき仰せ付けを賜わられた次第なのだ」

そのとたんに善次郎は「畏《かしこ》き御辺《あたり》の仰せと承って辞退するにもしようがない。不肖の身を抛《なげう》っても聖慮を拝し奉る外に道はない」と悟った（自著『意志の力』）。そして答えた。

「雲をつかむようですが、調査して対策を立てることだけは請合います」

七月八日、政府は安田の立てた整理案を承認して、日本銀行から六〇〇万円を貸付けることを決定。ただし、実際は三〇〇万円しか間に合わなかったので、一五〇万円は安田銀行が立替えることにして、百三十銀行は営業を再開した。

安田の系列下に入った同行は、日銀からの借入金を大正三（一九一四）年に完済して関西の有力銀行としての地歩を築いたあと、「安田銀行」に吸収された（大正一二年）。

善次郎は、銀行の救済に関して次のように述べている。

「私が銀行を経営するに当たっては、新たに支店を設けることなく銀行を救済して自分のものにしてしまう。新たに創設するよりは古きを修繕したほうが、少しの資金で自己の事業を拡張し、勢力を伸ばすことができる。支店を設けないのは必要がないからである」（自著『金の世の中』）

「救済をするのは私欲のためでもなく、私の本来の希望でもない。ただ一片の慈善心に基づくのみである。瀕死の銀行を救済するような危険を敢えてする者は、私をおいて他にない」（『実業之世界』明治四一年六月号）

「世人は、私が銀行を整理したのを見て、〈安田が富を増殖する慣用手段だ〉と言っている。しかし、まあ考えてもごらんなさい。同業者はいく千人いく万人あるか知れない。打ち捨てておけば彼らは皆資産を失ってしまう。悲惨この上ないことで、坐視するに忍びないから全力を尽して救ったのである。父から教えられた〈陰徳慈善〉とはこれだと信じて、莫大な力を尽したのである」（『実業之日本』明治四二年四月一日号）

他社に先がけ生保・損保の会社設立

善次郎の事業の柱は銀行と保険であるが、生命保険の分野でも彼は他に先がけている。

日本で最初の生命保険会社といえば、若山儀一《のりかず》[*27]という経済学者が設立した（明治一二年九月）「日東保生会社」であるが、その方式は理解しづらく、一般の反感を買って挫折し、開業に至らずに解散してしまった（一四年六月）。

実は、善次郎は右の若山から出資の交渉を受けており、会社の内容もくわしく聞いていた。しかし、彼はその話を断ると同時に、西欧の近代的生命保険の制度とは異なる「日本的な相互扶助機関」を独自に設立すべく、準備していたのである。

それは、彼の友人知人一一名を発起人とし、各自に呼びかけて五〇〇名の社員を集め、社員の誰かが死ねば掛金から一〇〇〇円をその遺族に贈るというシステムの保険で、「共済五百名社」と名づけられていた。そして、若山が「日東保生会社」を設立した二ヶ月後、明治一二年一一月の半ばには、定員はすでに満員になっていた。発起人に名を連ねたのは、善次郎のほか、朝野新聞社長の成島柳北、読売新聞社長の子安峻、川崎造船社長の川崎正蔵、東本願寺僧侶の鈴木慧淳ら、善次郎が主宰していた社交グループ「偕楽会」のメンバーだった。明治一三（一八八〇）年一月一日（「安田銀行」の開業日）、社員名簿第一号山岡鉄舟[*28]（鉄太郎）以下五〇〇名をもって、この生命保険組織は華々しく開業した。善次郎が表明した結社の趣旨にはこう書いてある。

「人の父母たる者幼弱の子女を遺《のこ》して遠逝《せい》するに際し、家に余財あるに非《あら》ざれば、その孤児将来生計の如何に患《わずら》い、あるいは地下に冥することあたわざるの歎きなきを免がれず。しかるにこれを救済するに道あり。これわが輩のこの社を設立する所以なり。……生産富饒《ふじょう》にして敢えてわが遺族に顧慮する所なき者も入社するは、けだし他を救済するの慈心に出づるが故なり」

その仕組みは、五〇〇人の社員が創立積立金を六円、掛金を二円ずつ支払い、社員の誰かが死亡した際にその掛金から保険金を遺族に贈るというもの。したがって、掛金は一人死亡するごとに支払わなければならない。それを三回怠った者は除名する決まりだった。

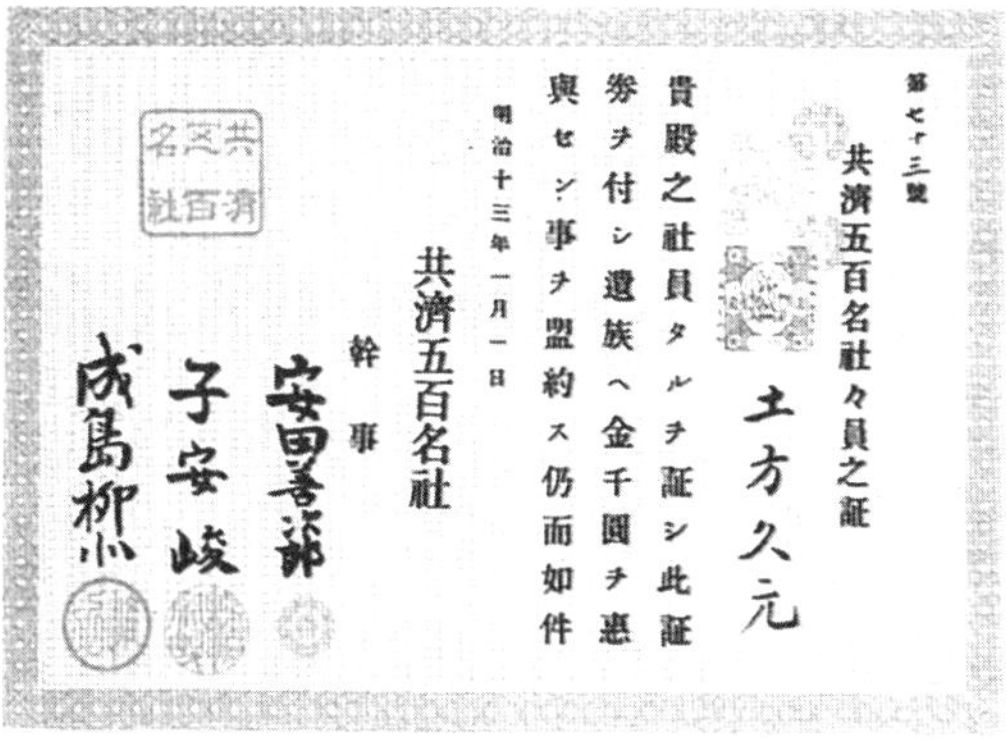
第七十三號
共濟五百名社々員之証
土方久元
貴殿之社員タルヲ証シ此証券ヲ付シ遺族ヘ金千圓ヲ恵與セン事ヲ盟約ス仍而如件
明治十三年一月一日
共濟五百名社
幹事
安田善次郎
子安峻
成島柳北

共済五百名社社員の証。土方久元のもの（『安田生命123年史』から）

これが日本における生命保険業の実質的な始まりであるが、会社組織をもって設立された最初は、翌明治一四（一八八一）年七月創立の「明治生命保険会社」である。同社は、生命保険（生涯請合）の制度を最初に紹介した福沢諭吉の提唱により、慶応義塾出身者らの手によって結成されたもので、その後三菱系の会社になった生命保険の大手である。イギリス人の生命表を料率計算の基礎にするなど、経営上の根拠がしっかりしていた。

明治二六～二七（一八九三～九四）年には、生命保険会社の設立は二七社に達するほど盛んになった。そこで共済五百名社も改革をせまられ、これを解散して資本金二〇万円の「共済生命保険合資会社」を発足させた（明治二七年四月一日開業）。

善次郎はこのときに登用した実務担当幹部の矢野恒太を、欧米に派遣して二年間勉強させた。帰国した矢野は社内を刷新し、カードシステムを採用するなどの合理化を図り、支配人として社業を推進した。彼は社を辞して一たん官僚になった（明治三一年）が、退官した後、日本最初の生命保険の相互会社である「第一生命保険相互会社」を設立（明治三五年）。同社を五大生命保険[*29]の一つに成長させた（昭和一三年まで社長、二一年まで会長だった）。

共済生命はその後株式会社となり（明治三三年四月）、さらに「安田生命保険」と改称（昭和四年）。以来、安田グループの生命保険会社として七五年間、この名称は維持されたが、つい数年前「明治生命」と合併し、現在は「明治安田生命保険相互会社」となっている。

先にも述べたが、善次郎の古くからの友人に、内務省や農商務省出身で後年実業界入りした武井守正（男爵）がいる。武井は万国森林博覧会事務官長の公務を帯びて渡欧した折（明治一七年）、善次郎から「日本の経済界に役立つ情報を持ち帰ってほしい」と頼まれ、帰国した際に次のような報告をした。

日本橋小舟町に、明治28年に新築された共済生命保険合資会社（『安田生命123年史』から）

「日本では、メーカーが製品をつくっても代金の回収が遅れて困るが、欧米では直ぐに回収できる。その理由は、製品を担保にして銀行から借入れできるからで、銀行が容易に貸出す理由は製品に保険がついているからである。つまり、欧米では①保険業が発達し、②金融業が活発で、③運送業が行き届いている」

この話に啓発された善次郎は、明治二〇～二一年には両毛、水戸、甲武の諸鉄道の創立に参画して陸上運輸事業に投資することにした。また、損害保険事業への進出も目論み、たまたま東京火災保険会社の援助を頼まれたのを機会に、これを実行に移すことにした。

この頃、日本で最初の火災保険会社である「有限責任東京火災保険会社」が、資本金二〇万円で設立・開業した（明治二一年一〇月）。しかし、まもなく八三〇余戸を焼いた横須賀の大火[*30]などが起こり、その保険金の支払いなどで経理は完全に行詰まってしまった。大改革をするには資本金を増やすしかない。そこで一挙に五倍の一〇〇万円にする計画を立て、善次郎に経営の引受けを要請した。善次郎がこれを快諾したため会社は存続できたのである（明治二六年六月）。

安田の傘下に入った同社は、「安田」の信用が加わって営業網を全国的に拡げ、明治四一年には資本金を一〇〇〇万円に増資した。

実は、明治二六（一八九三）年には、東京火災を引受ける一方で善次郎は新たな損害保険会社を設立している。その理由は、「火災保険」とともに「海上保険」の重要性を認識したからである。

海上保険の分野では、当時、政府の庇護のもとに設立され（明治一二年）、その保護のもとに業績も順調だった「東京海上保険会社」が独占的に存在していた。しかし、官僚主義や独占料金の押付けなど経営上の弊害が出ていた。一方、海外貿易の貨物保険は、外国の保険会社の取扱いに限定されており、保険料金や海難処分に関しては海外企業に服従するほかなかった。

憂慮すべきこの状態を何とか打解しなければならない。そこで、善次郎は資本金三〇〇万円で「帝国海上保険株式会社」を設立したのである（明治二六年九月、社長は武井守正）。同社の創立趣旨には次のように書かれている。

「およそ何業にかかわらず、これが発達の機関たるものは、銀行、運輸、保険の三業たらずんばあらず」

「ひとり最も緊要にして通商貿易の業務に洪益（巨大な利益）を与うべき海上保険の事業に至りては、前二者に比するに天淵《てんえん》（天地のこと）ただならず」

「今にして本邦これが増設をはかり、協力戮《りく》力もって海上保険の業を振興せざれば、わが商業の発達は外人のために圧倒せられ、ついに言うべからざる惨境に陥らん」

安田傘下の「東京火災」と「帝国海上」の二社は昭和一九年に「安田火災海上保険」に統合され、平成一四年まで六〇年近くの歴史を重ねたが、現在は合併により「損害保険ジャパン」となっている。

---

22 京都の公家出身の政治家。太政大臣になる前は皇室で侍従、明治政府で副総裁兼外国事務総督、右大臣

などを務めた。

23 鴻池家の四代当主。前代の善右衛門が酒造業を両替専門に切りかえ、三二藩もの大名貸しをして豪商になった。

24 薩摩藩出身の政治家で財政家。何度も大蔵大臣になり、紙幣整理、金本位制の確立、財政整理を推進。総理大臣にも二度就任した。

25 長州出身の政治家。大蔵省の次官クラス、工部・外務・農商務・内務・大蔵の各大臣を歴任しており、元老といわれた。

26 京都の百姓の出だが、大阪の呉服店の小僧から関西財界の重鎮になった実業家。大阪紡績、山陽鉄道、南海鉄道、アサヒビール、明治生命などの創立にも関与した。

27 開成所（東大の前身）の教授のとき、岩倉使節団に随行。欧米に留まって財政問題を研究した。保険事業の失敗後に農商務省入りしたが、明治二四年、五二歳で没した。

28 幕末までは剣客だった。幕臣でもあったので、江戸の開城にも功績を残し、明治天皇の側近にもなった。剣術道場も開き、無刀流を創始した。

29 日本・第一・明治・安田・帝国の、当時の五生命保険会社のこと。

30 昭和四〇年発行の『横須賀百年史』によれば、「明治二二年二月一日、湊町や汐入町中心に大火」が発生している。

第五章

非金融事業――国家とかかわるビジネスを

僻遠の地で鉱山・鉄道・倉庫業直営

安田善次郎の死から七年後、昭和三（一九二八）年末のデータでは、六大企業グループの金融資本力（預金および保険準備金）は以下のとおりだった（高橋亀吉著『日本財閥の解剖』）。

安田／一四億二七〇〇万円（六〇〇〇万円）
三井／九億七七〇〇万円（七億円）
三菱／九億一五〇〇万円（五億円）
住友／八億六〇〇〇万円（二億円）
大倉／　〇円（七〇〇〇万円）
古河／　〇円（四〇〇〇万円）

（　）内の数字は自己資本額である。昭和初期の「金解禁」政策に反対し、昭和三〇年代の「所得倍増計画」[*31]を推進、一貫して在野のエコノミストだった高橋亀吉は、安田グループについて「自己資産は三井、三菱に比べてはるかに小さいが、金融資産が大きいが故に、この二つに次ぐ大資本王国と私は見なす」と説明している。また次のようにも解説している。

「安田の支配下にある企業についてみると、その総払込資本金二億四八〇〇万円中、銀行、保険、信託のごとき金融業に投ぜられたものは、実に一億五〇〇〇万円を超え、全体の五〇～六〇％を占めている」

「安田は、わが大金融業者中、ほとんど唯一の〈他業不兼営〉の信条を〈原則〉として守ってきた、品行方正の金融王だ」

ところで、金融業以外の四〇～五〇％の投資先は、どんな会社だったのか。調べてみたらかなり多数になった。

まず、安田善次郎が関与した（投資したり巨額の社債を買った）会社を年代順に並べてみる。

明治一一（一八七八）年／東京株式取引所
明治一二（一八七九）年／横浜正金銀行
明治一五（一八八二）年／倉庫会社
明治一八（一八八五）年／東京ガス会社
明治二〇（一八八七）年／釧路硫黄山、両毛鉄道、水戸鉄道、東京水道会社、東京演劇会社、下野製麻、帝国ホテル
明治二一（一八八八）年／釧路春採炭鉱、甲武鉄道
明治二二（一八八九）年／門司築港会社、東京市街鉄道会社
明治二三（一八九〇）年／日本パノラマ会社

明治二四（一八九一）年／東京電灯会社
明治二五（一八九二）年／青梅鉄道、釧路鉄道、函館安田倉庫
明治二七（一八九四）年／安田運搬事務所、七尾鉄道
明治二八（一八九五）年／中越鉄道
明治二九（一八九六）年／函館ドック、浦賀ドック、東洋汽船、汽車製造、東京建物
明治三〇（一八九七）年／台湾銀行、深川製釘所
明治三一（一八九八）年／浅野セメント
明治三二（一八九九）年／北海道拓殖銀行、浪華紡績、安田商事、函樽鉄道
明治三三（一九〇〇）年／日本興業銀行、天満鉄工所
明治三五（一九〇二）年／湖南汽船、横浜電気鉄道、熊本電灯所
明治三六（一九〇三）年／阪神電気鉄道、東京市街鉄道
明治三八（一九〇五）年／日本製銅硫酸肥料
明治三九（一九〇六）年／南満州鉄道
明治四〇（一九〇七）年／沖電気、帝国製麻、水戸鉄道
明治四一（一九〇八）年／東洋拓殖
明治四二（一九〇九）年／中国鉄道、熊本電気、京浜電気鉄道

明治四三（一九一〇）年／台湾倉庫、桂川電力、日本酸素
明治四四（一九一一）年／越後鉄道、日本電灯
大正元（一九一二）年／台湾製麻

安田善次郎は、最初から日本の経済界における有力メンバーの一人だった。そのため、明治政府の経済政策に沿って設立された会社、たとえば東京株式取引所、倉庫会社、東京ガス会社、帝国ホテルといったところには、渋沢栄一らの働きかけに応じていわば「付き合い」で設立に加わった（株主になった）にすぎず、経営には参画しなかった。

右のようなかかわりと違って、投資と同時に直接経営にまで踏み込み始めるのは明治二〇（一八八七）年で、北海道の硫黄山（跡佐登《アトサヌプリ》）の硫黄採掘・製錬事業からだった。この鉱山は、釧路市創建の功労者である佐野孫《まご》右衛《え》門《もん》が経営していたものだが（明治一〇年）、国立第四四銀行（東京）の支配人・山田慎がその権利を買い取り、それをまた善次郎に譲ったのである。同行は破綻により善次郎に救済された銀行だった。

硫黄は、染料、マッチ、花火、殺虫剤などの原料で、当時の主要輸出品の一つだった。明治二〇（一八八七）年二月、「釧路安田硫黄山事務所」として操業を開始。阿寒国立公園内弟《て》子《し》屈《かが》町

アトサヌプリの硫黄運搬の情景（北海道大学出版会発行『明治大正期の北海道・写真編』から）

の跡佐登から三八・六キロ離れた標茶《しべちゃ》まで鉱石を鉄道で運搬し、近代的な蒸気製錬器によってこれを製錬した。製品は釧路までは釧路川を水運で、その先の函館までは汽船で定期的に回漕した。

　当時、釧路の産業といえば漁業以外になかったので、この事業は同地の産業を活性化させ、釧路硫黄の名は全国に知られた。実際、原始林に埋もれていた当時の北海道にとっては空前の事業で、以後、鉄道、倉庫、炭鉱にまで拡張していったのである。

春採炭鉱の第一竪坑（北海道大学出版会発行『明治大正期の北海道・写真編』から）

この年（明治二〇年）の一一月には鉱山と標茶の間に軽便鉄道を開通させた。大倉組から買った二台の英国製機関車に、善次郎は「長安」と「進善」という名前をつけた。

硫黄の生産は好調に推移し、貨客の往来も増えてきたので、善次郎は、沿岸住民にも利用してもらうべく、「釧路鉄道株式会社」を設立し（明治二五年六月）、北海道庁に売却する（明治三〇年）までこの私線の営業をつづけた。

硫黄山の事業開始後、さら

に釧路の春採《はるとり》海岸に炭田があり、その鉱業権も安田側に譲渡されていたことが判明した。そこで、製錬用、あるいは鉄道や蒸気船の燃料用に、石炭の採掘も開始した。『北海道鉱山略記』（明治二三年）によれば、実はこの炭鉱は「近くに良港なく、運搬の便を欠くをもって、ただ開採し得べしというのみ」と記録されたものだった。ところが、採掘し始めると出炭量は急増し、自家消費を超過。釧路港に入る船舶や住民の需要にも応じた規模に拡大していった。

この春採炭鉱は、その後「釧路安田事務所」、「安田商事釧路支店」として直営されたが、第一次世界大戦勃発時に二八万円で木村久太郎に譲渡された（大正三年）。同炭鉱はその後、三井鉱山の資本が入って「太平洋炭鉱」となり（大正九年）、釧路市の経済を支える主要企業に発展していった。

また、北海道の関門に当たる函館には、釧路との中継基地として「函館安田倉庫事務所」を設けた。硫黄の貯蔵、販売、諸材料や日用品の購入、回漕などの会社である。その本拠だった大倉庫（函館市豊川町）は、北海道開拓使[*32]が常備米保管用につくった煉瓦《れんが》造りで、そのうちの最古（明治八年竣工）で最大の建築だった。

函館の安田倉庫。明治8年竣工のこの建物は、以前は「函館常備倉」だった（北海道大学出版会発行『明治大正期の北海道・写真編』から）

全国各地の民営鉄道を設立・支援

北海道の地に鉄道が初めて敷かれたのは、明治一三（一八八〇）年に開業した札幌－小樽間で、それは北海道開拓使によって敷設された。この官設鉄道に次いで北海道で二番目に早い私設鉄道が、善次郎の敷設した前述の釧路鉄道だったのである。

日本の鉄道事業は当初明治政府の手で推進された。しかし、西南戦争後の資金枯渇などの原因によって、一時官営鉄道計画が中断されたため、政府に代わって鉄道を敷設しようと企図する民間企業が列島各地に現われ始めた。その最初は、旧華族を主体にした全くの政府依存による「日本鉄道会社」で、現在の高崎線、東北本線、山手線などを敷設する目的で設立された（明治一四年）。

実際の建設・営業は鉄道局が代行していたこの半官半民の私設鉄道会社は、上野－熊谷間（明治一六年）、熊谷－前橋間（明治一七年）、山手線の品川－新宿－赤羽間と大宮－宇都宮間（明治一八年）といったように次々と線路を伸ばしていった。上野－青森間が全通したのは明治二四（一八九一）年のことである。

旧華族ら四六二名が発起し、資本金が二〇〇〇万円だったこの巨大鉄道会社に、善次郎は明治一九年九月期から株主に加わり（二〇〇〇株）、翌年には早くも、自らその鉄道沿線に支線を設けるべく新会社の設立に動いた。

一つは、東北本線の小山から栃木・佐野・足利・桐生・大間々・伊勢崎を経て前橋に至る鉄道（現両毛線）を目論む「両毛鉄道会社」（本社・足利町）。もう一つは茨城県の水戸から笠間・下館・結城を経てやはり東北本線の小山に達する鉄道（現水戸線）の「水戸鉄道会社」（本社・水戸市）である。両方とも明治二〇年の設立時に発起人として加わり、両毛鉄道の方は監査役も引受けている。

北海道では渋沢栄一、近藤廉平[*33]、森村市左衛門[*34]らとともに、最初の幹線を建設した「函樽鉄道株式会社」の発起人に加わった。計画路線は現在の函館本線にほぼ相当する距離と区間で、本格的な旅客路線としては北海道で最初だった。明治三四年六月に起工して三七年一〇月に全通。善次郎は一〇〇〇株の株主だった。

東京近郊の私鉄で出願が早かったのは、青梅地方在住の有志による「甲武鉄道会社」で、新宿－八王子－甲府の路線を計画して明治一八（一八八五）年に出願している。実際のスタートは二一年だったが、善次郎は、甲州出身で筆頭株主だった雨宮敬次郎[*35]に誘われたらしく、大株主の一人になり、当初の五年間は役員（監査役）にも就任した。

工事は急速に進められ、新宿－八王子間は二二年八月に全通（八王子－甲府間は官営鉄道により三六年に開通）した。当時の甲武線は今の中央本線に当たるが、同線の立川から青梅まで路線を延ばすべく「青梅鉄道株式会社」が設立された折（明治二五年）にも、善次郎は一〇〇株を出資した（明治二七年に全通した）。


郷里からの要請があって設立に参加したケースも二つある。

一つは、官営鉄道北陸線の津幡から能登半島の七尾までを敷設する「七尾鉄道株式会社」で、善次郎は相談役を頼まれ、安田忠兵衛（妹の婿）が監査役に就任した。

もう一つは、北陸線の高岡から砺波《となみ》郡の城端《じょうはな》町に延長する支線（城端線）を計画した「中越鉄道株式会社」で、資本金三五万円のうち三万円を出資した。

明治四一（一九〇八）年、新潟県を日本海側に沿って柏崎、出雲崎、吉田、新潟とつなぐ路線

（今の越後線と弥彦線）を建設すべく「越後鉄道株式会社」が申請されて許可された。しかし、不景気の時代で資金調達が困難をきわめ、善次郎に援助が求められた。善次郎は自ら現地を調査し、鉄道技師にも直接調査を依頼し、設計予算書まで作成した。その結果、設計を一部変更させて資本金を一五〇万円とし、四〇万円ほどを安田家が引受けて設立を実現させた（明治四四年）。娘婿の善三郎も同社の取締役に就任した。

柏崎－吉田間の開通式で、善次郎は来賓総代として祝辞を述べている。

文明開化の波をもろに受けた明治の東京では、江戸時代からあった駕篭が人力車にかわり（明治三年）、次いで鉄道馬車が登場（明治一五年、新橋－日本橋間が運賃二銭で開業）。さらに市街電車へと、交通機関は急速に変遷していった。善次郎は、前述した全国各地の鉄道のみならず、東京市街の電気鉄道事業にも意欲的で、明治二二（一八八九）年には田口卯吉や渋沢栄一らと、「東京市街鉄道株式会社」の設立を当局に請願した。しかし、時期が早すぎたためか「願いの趣旨は検討不能」との理由で却下されてしまった。そこでそのまま傍観していたのだが、その後にわかに電気鉄道会社の設立気運が起こり、東京に次の三社が並立することになった。

「東京電気鉄道株式会社」（明治三三年五月設立）

「東京電車鉄道株式会社」（明治三三年一〇月設立）

「東京市街鉄道株式会社」（明治三六年六月）

そして、設立がいちばん遅くなった「東京市街鉄道」は、財界不況のあおりで株式の募集が困難になった。そこでまたしても善次郎に救済が求められた。その経緯は次のとおりである（『実業之日本』明治四四年六月一日号の善次郎の回想記事による）。

この新会社を発起した中心人物は、善次郎と親密だった雨宮敬次郎で、万策尽きた雨宮は善次郎にこう泣きついた。

「何とかこの会社に投資してくれないか、安田君。君が承諾してくれさえすれば、うまくいくのだ」

「しかしね雨宮君。私は財界で重要な位置にいる人間だ。私情だけで軽卒に要請を入れるわけにはいかないよ。市街鉄道は東京に必要だし、有利な事業だということは認めるよ。しかし、それを経営する人次第で不利にもなれば悲境にも陥るのだ。君が一意専心に経営するなら融通してもいい。でも片手間の仕事でするのならお断りする」

「いや、僕は全力を挙げて経営する。誠心誠意、誓ってやってみせる」

善次郎は、雨宮の顔に「実意が溢れて見えたので」、彼を信じることにして、資金を出すことを承諾した。ただし、善次郎は「次の三ヶ条を守れば」という条件をつけた。

一、安田は一株も持たない

一、株式の八割を融通する
一、電車の運賃は五銭均一にする

雨宮がこのことを発表したところ、株式の申込みはたちまち進捗《しんちょく》して同社はピンチを脱することができた。

並立する鉄道会社三社は、次のように電車を開通していった。

新橋－品川間（明治三六年八月。東京電車鉄道）
有楽町－神田間（同年九月。東京市街鉄道）
土橋－お茶の水間（外堀線。明治三七年一二月。東京電気鉄道）

しかし、三社並立は競争を激化させた。雨宮は善次郎との約束を破って運賃を三銭均一にしたため、一割を配当するほど利益を上げたのだが、他社は苦境に陥った。東京市議会はそこで、三社並立にも運賃にも異をとなえて市営に移行する決議をし、まもなくそれが実現。三社の電車はすべて市電（のちの都電）になったのである（明治四四年）。

横浜の市街電車も大正一〇年までは私営で、「横浜電気鉄道株式会社」の経営だった。同社の創立（明治三五年）とともに安田銀行が金融を援助し、善次郎は顧問に就任。その後も後援をつづけ、安田側の重役が取締役に入るなど関係は密だった。しかし、大正三年にその関係は絶たれた。八分配当の継続を主張する同社と、財界不況により一期限りの無配を主張する安田側とが対立したことが、その理由だったという。

大阪－神戸間の線路を敷設した「阪神電気鉄道株式会社」を設立し（明治三二年）、当初同社を救ったのも善次郎である。資本金一五〇万円で設立されたものの、日清戦争後の反動不況によって払込みがあったのは四分の一。株価も半額にガタ落ちした。そこで社長の外山修造は善次郎に泣きつき、「一五〇万円の社債を引受けてほしい」と頼んだ。善次郎が「利息は年八分、新株募集時にはその半額を安田側で取得する」との条件でこれを引受け（明治三六年）、工事資金が辛くも調達できたのである。

善次郎の回想記にはこうある。

「私が阪神地方に旅行中、突然同社の関係者が訪ねてきて会社の内状を示し、救済を相談された。人さえ当を得れば会社の病気は回復の見込みが充分と判断したので、わずか一度の会談だったが、私の条件がことごとく容れられたため、ただちに救済を快諾した。その報が大阪の市場に伝わるや、阪神電鉄の株の景気はにわかに色めき立った」（『実業之日本』明治四四年六月一日号）。

電気の普及を目指し電灯各社に関与

電気鉄道の動力源は、当然電気エネルギーである。安田善次郎は、明治一〇年代後半から次々と設立された電力供給事業にも、さまざまな形で関与した。

明治一九（一八八六）年七月、日本で最初の電気事業会社たる「東京電灯会社」が、資本金二〇万円で誕生・開業した。それは英米での電気事業の創設からわずか五年後のことである。同社は今の「東京電力」の前身に当たる会社である。

社長は矢嶋作郎、技師長が藤岡市助、当時「委員」と称した重役が大倉喜八郎、原六郎、柏村信の三名。ほかに副支配人一名、手代五名、気罐師三名、給仕一名だけのスタートだった。

翌明治二〇年一月、鹿鳴館の電燈を点火。一一月には日本郵船会社、東京郵便局などに電燈供給を開始し、二二年一月からは元赤坂にあった皇居にも送電して常夜点燈を始めた。この年、資本金は一〇〇万円に増資され、善次郎も二〇〇株（額面一〇〇円）の株主として参加した。

当時経済界は好況で、起業熱が勃興し、電気事業界でも「日本電灯」「品川電灯」「深川電灯」といった競合会社の設立が相次いだが、日本橋近辺の商人たちが発起した「日本電灯会社」は特に対抗的で、激烈な割込み運動を展開した。

そのため、この事態を憂慮した東京府知事や、神田区や日本橋区の区長らの強い要請があり、明治二三年一月、日本電灯は東京電灯と合併することになった。とはいえ、その後、帳簿の不整理、料金の滞納、経理の放漫など経営上の問題が噴出。臨時株主総会は、株主中から五名の調査委員を選んで、社内改革案を作成することになった（明治二三年一一月）。

そのとき善次郎は調査委員を委嘱され、そのうえ取締役も引受け（明治二四年二月）、その退任後も監査役に就任する（明治二六年一月）など、重役として東京電灯の経営に参画した。しかし、一年もたたずに監査役を降りた。

その理由を、善次郎は自著『意志の力』でこう述べている。

「東京電灯会社の営業の大方針として、漸次に電灯料を引下げて行かねばならぬ。……下げれば下げるほど灯数は増していくから、会社の収入は増加するのである。……下級の細民までも電灯をつけることができるようになる。すなわち自他共通の幸福であって、これ独占事業の経営法である」

「何年もかかって（経営不正問題を）ことごとく整理して、株券の値も上り、利益も充分あるようになったから、まず電灯料の値下げを申し出たのであるが、多数の株主は私の意見に反対した。……意見が通らなければ手を引くまでのことで、私は、このとき断然東京電灯と関係を断ったのである」

善次郎が手を引いた時点での東京電灯会社の点灯数は、ほぼ二万灯だった（明治二七年一月二六日付『日本新聞』）。

次いで経営を引受けることになったのは「熊本電灯会社」である。

熊本市内への電灯供給を目的として設立された（明治二二年）同社は、第九国立銀行（熊本）の頭取らが発起した会社で、大株主でかつ多額融資者もこの第九銀行だった。

ところが、電灯会社自体の経営不振と重なり、この銀行が預金取付け、支払停止、休業と追い込まれた。そこで、善次郎が手を差し伸べる格好で、安田傘下の系列銀行に組み込まれることになるのだが（明治三四年五月から）、善次郎は、経営的に万策尽きていた熊本電灯からも救済を求められ、安田家の事業として、経営に当たることにしたのである（明治三五年九月）。

その後、熊本電灯を母体とした熊本電気株式会社が設立されるが（明治四一年六月）、このときには善次郎の娘婿である安田善三郎が社長に就任している。

また、山梨県の桂川（相模川の上流）の水利権を持っていた前述の雨宮敬次郎は、その水力を利用して電力会社の設立を目論み、その出資援助を善次郎に求めてきた。結局、安田側からの役員参加と二万株以上の株式取得を条件に内談がまとまり、「桂川電力株式会社」が設立された（明治四三年六月)。社長には雨宮が就任し、取締役には安田善五郎(三男)と善雄(四男)が、相談役には善三郎が就任した。同社は、前述の「東京電灯」と合併する大正一一年まで存在した。

右の会社は、桂川の水力発電で東京市内に電力を供給するのが目的である。その電力を市中に配電する目的で、新たに「日本電灯株式会社」の設立が企画されたが、そのとき、善次郎はまた資金援助を求められた。そこで彼は、役員選出は一切委任するという条件で、九万株(資本金一二〇〇万円、二四万株)を引受けることを応諾し、設立は実現した(明治四四年六月)。ちなみに名前は同じだが、前述したものとは全く異なる会社である。

役員には、安田側から中沢彦吉(会長)、小倉鎮《しん》之助(専務)、安田善三郎(取締役)が就任したが、設立に当たって善次郎は、次の発言をして発起人に同意を求めた。

「東京電灯会社がある上に、更に日本電灯会社を創立しては、供給過多となる恐れはないかという懸念を抱く人もあるが、決してそういう必要はない。廉価に供給することができれば、現在の三倍四倍の需要を得ることは、はなはだ容易と思う」

この年、私営の電車会社を買収して「市電」を経営していた東京市も、「市営電灯」を開始した。そこで、東京電灯株式会社の独占は崩れ、三社の激烈な競争の果て電灯料金は下がっていった。市民はそれを歓迎したが、経営は三社とも困難になり、結局は資本の集中化が起こって「日本電灯」は大正九年に「東京電灯」に吸収合併された。

「東京電灯」への集中化は、前記の「桂川電力」をふくめて大正末年までに一九社が吸収合併する形で進められたが、これによって、善次郎の発言どおり、電気料金は次第に下がっていったのである。

東京湾埋立てを浅野総一郎と推進

本業の金融以外で特徴的なのは、浅野総一郎が行う事業との連携だった。

二人の交際は明治一七〜一八年頃から始まった。年齢は善次郎が一〇年ほど上であるが、出身地が同じ富山県であることから、二人は私的な付き合いをつづけていた。しかし、帝国ホテル（明治二三年）や青梅鉄道（二五年）の設立時には二人とも同じ株主だったが、浅野は当時第一国立銀行と取引きしていたので、善次郎と事業上の提携をする必要はなかったのである。

ところが、明治三一年二月、それまで「浅野工場」と称していた民間で最初のセメント製造会社を、日清戦後の日本経済拡大に対処して改組するために、浅野は資本金八〇万円の「合資会社・浅野セメント」を設立した。その折に、総一郎は第一国立銀行からの二〇万円に加え、善次郎にも一〇万円の出資を仰いだ。さらに安田銀行から一〇万円を借り、以来両者の関係は深まっていったのである。

「合資会社・浅野セメント」はその後株式会社となり、北海道セメントなどを合併。太平洋戦争中には海外にも工場を設けた。戦後は社名を「日本セメント」と改称した。

浅野は「浅野回漕店」という船運会社も経営していたが、日清戦争後に日本の貿易が飛躍的に発展したので、日本の船舶による外航路線を開拓すべく、「東洋汽船株式会社」の設立を図った。それは浅野セメントの設立より少し前のことになるが（明治三〇年六月）、このときも、善次郎は渋沢栄一、大倉喜八郎ら知名の士十数名とともに発起人になっている。ただし善次郎の持株はわずか三六〇株（一万八〇〇〇円）にすぎなかった。

しかし、同社が明治末期に一万三〇〇〇トン級の客船を次々と新造した折には、安田銀行が数百万という同社の社債を引き受けた。のみならず、第一次世界大戦が終息して海運業界が不況に陥ったとき、戦時中に同社が発注した一三隻の建造費がまかなえなくなった総一郎に懇願され、善次郎は一〇〇〇万円の社債を引き受けたのだった。

浅野側の資料はこう記述している。

「独墺《どくおう》白旗を巻き休戦ラッパが地球全土に響きわたった時、海運界悲観の兆《きざし》は芽生えた。やがて支払わねばならぬ船代金の不足額二千二百五十万円は、東洋汽船としては重大なる問題である。株主心痛し、世上危《あやぶ》み、この難関を社長浅野は如何に切り抜けるかと好奇視する最中に、総一郎は安田翁とわずか十分間の会見において、安田銀行をして単独にまず一千万円の社債を引受けしむる話をまとめてしまった」(『浅野総一郎』)

大正九(一九二〇)年、同社は取締役に善次郎を迎えた。しかし、彼の死後、北米線などの航路権や主な汽船八隻を「日本郵船」に譲渡し、その後社外船主として活動をつづけたものの、昭和三四(一九五九)年には、「東洋汽船」は日本油漕船会社に吸収されてしまった。

浅野と安田に共通しているのは、国家的な巨大プロジェクトの好きな実業家だったことで、二人とも東京湾の築港や埋立て事業に熱心に取組んだ。

こうした事業は本来政府が行うべきであるが、財政上の困難から手をつけられなかったので、二人は「われわれ民間に任せてほしい」としばしば内務省や東京府(市)に請願した。しかしその請願は、しばらく許可されなかった。

ところが明治四五年、東京湾の築港計画こそ認められなかったものの、浅野が計画した鶴見・川崎沿岸の埋立てが、渋沢や安田らとの発起を条件に許可され、ようやく「鶴見埋築組合」が設立された。これは、海岸に沿う延長約四・五キロ、幅員一・四キロ、埋立総面積一五〇万坪の埋立地に、大運河を開削して、生産と運輸が直結した理想の工業地帯を実現しようという、工事費三五〇〇万円の大事業だった。安田側は、同社の資本金の四分の一ほどを出資した。

浅野の相談を受けたとき、七五歳ぐらいだった善次郎は、二名の技師を連れて川崎の根本という旅館に三日間泊り込んだ。干潮時にはわらじばきで沖合を歩き、満潮時には舟に乗って技師と海面からの深さを調べるなどの実地検分を履行。その結果にもとづいて浅野を本社に呼び、自分と連署して出願することを快諾したのである。

この会社は後に「東京湾埋立株式会社」と改称し（大正九年）、着工から一八年後に全計画が完了して（昭和七年）、大工場用地が造成された。この埋立地には、横浜市鶴見区安善町、川崎市川崎区浅野町という二人に因んだ地名がある。

善次郎は、浅野総一郎を次のように高く評価していた。

「浅野はなかなか大胆な計画を立てる男である。私は、浅野以上に金を使う人が多く出なければと思う。大きな仕事をする人に大きな援助を与えることは、真の意味で国家的であり、慈善博愛の根本義ないしは防貧の真意に叶うものではないか。うちの内部でも浅野に多額の融資をすることを好まない人がいるが、仮りに目的を遂げられず、投資資金が丸つぶれになっても、さほど遺憾に思わない」（『実業之日本』大正一五年二月一五日号）

また、浅野総一郎は、善次郎を次のように称えていた。

「何十年の末でなければ成否が分からないような大事業に対して巨大な資金を投ずるということは、普通の人間ではとうていできないことで、翁の先見の確かなこと、国家的事業という点に重きを置いておられるということは、翁の実に偉大な所であると、信じて疑わないのである」(『実業之日本』大正一〇年一二月一五日号)

横浜市神奈川区に「守屋町《もりやちょう》」という町名がある。実はこれも安善町や浅野町同様に埋立てに関係した人物に因んでいる。しかも安田善次郎にも密接なつながりがある。

明治三八(一九〇五)年のこと、法政大学出身の弁護士で衆議院議員でもあった守屋此助《このすけ》は、神奈川の子安村の海面を埋立てる権利を買った。しかし、埋立て工事の資金が全くなかったので、善次郎(安田銀行)から三十数万円を借りて、一五万坪弱の海面を埋立てることができた。大正元年に完工したこの埋立て造成地が、守屋町と命名されたのである(大正七年)。

第一次世界大戦後、守屋は、戦中から日本が占領していた中国の青島《チンタオ》に、不動産と製塩の会社を設立する計画を立てた。そして、善次郎に共同出資を要請した。善次郎がこれを承諾したため、資本金四〇〇万円（安田側が六五％、守屋側が三五％出資）、会長に守屋、取締役に善之助他安田家のスタッフ、相談役に善次郎を置いた「興亜起業株式会社」が創立された（大正八年一二月）。同社は以後安田保善社の下で経営が行われ、青島からは撤退したものの、横浜での倉庫業で成功。「臨港倉庫」から「安田倉庫」に社名を変更し現在に至っている。

規模は小さいが、金融業とともに善次郎は、以下のような会社も直営していた。

●「安田運搬事務所」（明治二七年七月設立）

陸軍御用達の運送業者だった岡山県人平尾喜平次が、砲運丸という重量兵器運搬船を建造中に、資金調達に困って安田銀行から七万円を借りた。加えて二三万余円の負債があり、陸軍省からは特約を解除されてしまった。そこで、善次郎は右の船を平尾から肩代りして運送会社を経営することにした。

たまたまその直後に日清戦争が始まったため、砲運丸も兵器運搬作業に徴用され、この年の一二月決算で二万五〇〇〇円の利益をあげた（明治三二年に後述の「安田商事」に吸収される）。

●「東京建物」（明治二九年八月設立）

当時不動産の売買や建築資金が必要なとき、一般市民は仲介業者や個人の金融業者に頼るしかなかった。そんなとき、銀行経営のかたわら市民の便益を図るために善次郎が構想したのが、不動産の担保金融、売買、仲介、月賦契約建築（住宅ローンの先駆け）、建物の賃貸および建築を事業目的にしたこの会社で、設立時の資本金は一〇〇万円だった。

同社は、たとえば中国の天津にある五万四千坪ほどの土地に、日本人居留民のための四八四棟の煉瓦造住宅を建設（明治四一年）。電力供給事業も兼営し、家賃と電灯料の両方で収益をあげた。

この会社は、今もなお総合不動産業として存続している。

●「深川製釘《てい》所」（明治三〇年一一月開業）

善次郎が自ら企図してつくった、日本初の洋釘メーカーである。

明治の中期には古来からの和釘は完全に姿を消し、米独からの輸入洋釘がこれに代った。そこで、国産化すべきだと考えた善次郎は自ら実行することにし、若い技術官僚の山口武彦をスカウトして洋行させ、深川に工場を建てて山口の帰国とともに、開業させたのである。

こんな逸話がある。

善次郎は製釘所の所長を娘婿の善三郎に任せていたのだが、部下の不注意で失火し、三〇万円の財産が烏有《うゆう》に帰した。しかし善次郎は、平然と笑って「若い者にはいい経験ではないか。実業学校の月謝を払ったと思えば安いものだよ」と言ったうえ、善三郎を欧米視察に送り出した。

当時の三〇万円は現在の価値で三〇億円に相当する金額である。

●「安田商事合名会社」（明治三二年六月設立）

前述した安田家直営事業を統一する目的でつくられた会社で、営業目的は、①綿糸紡績事業、②釘類製造業、③海上運送事業、④倉庫事業の四つだった。

②は「深川製釘所」、③は「安田運搬所」、④は「函館安田倉庫事務所」のことで、①は設立直後解散して競売に付されていた大阪の「浪華紡績」という会社を落札したものである。

なお、安田商事はその後、前述した北海道釧路の「安田鉱業所」（炭鉱）と、大阪の「安田鉄工所」（天満鉄工所の債務を第三銀行から肩代りし、安田家が名称を変えて経営していた）も吸収合併した。この鉄工所が製作して陸軍に納めた（大正八年七月）四トン級貨物自動車は、「日本で製作された最初の自動車」ということである。

31　昭和三五（一九六〇）年一二月、当時の池田勇人内閣が、「今後一〇年間は年七・二％の経済成長を続け、一人当たりの国民所得を二倍の二〇万八〇〇〇円にする」という計画を発表した。

32　北海道の開拓を目的にして札幌に設置された明治政府の行政機関。北海道庁の前身である。

33　徳島県出身の実業家。維新後に上京して大学南校（東大）で英語を学び、「三菱」入りして重役になり、三菱と共同運輸が合併して生れた日本郵船では、二六年間社長を務めた。

34 江戸の老舗袋物商の六代目だったが、日米貿易に転換して森村組を設立。陶磁器を大量輸出して成功し、「日本陶器（現ノリタケ）」やTOTOや日本ガイシも設立した。

35 山梨県で過ごした少年時代から、甲州と東京・横浜間を往来してマユの商いをした。明治二一年の甲武鉄道の取締役就任以降、数多くの大企業の創立に関与した。

第六章

調査と旅行——情報収集力と観察眼が商いの武器に

担保物件より借り手の人物を重視

明治大正期に活躍したジャーナリストの山路愛山[*36]は、渋沢栄一と比較しながら、安田善次郎に次のような批判を加えている（『太陽』明治四二年八月一日号）

「金持は皆ひとかどの人物のように申せども、金持となること、さばかり難かしきことなるや」

「安田氏に至りては個人主義の権化にして、その克己と勤勉と智術と幸運によりて、三井、岩崎氏に次ぐべき大資本家となりし人のみ」

「天下国家を益せず、産業世界の人材を鼓舞せず、単に天下の富を一家に集むるとも、これ豈《あに》我等の感謝に価するものならんや」

「安田氏に至りては私の人にして（公の人でなく）、その大なる富はすなわち安田氏一家の富のみ。二氏（渋沢、安田）を同じ種類の金持と思うは全く非なるに似たり」

山路は、三井、三菱、住友、安田、大倉、古河らを「政商」と定義づけた人物である。ジャーナリストは体験なしに大言壮語するので、この安田観には中味が何もない。しかし、明治の経済界の荒波を乗り切った前述の雨宮敬次郎になると、さすがに本質を突いた次のような分析をしている。

「孫子の兵法には〈百戦百勝する者未だ善の善なる者にあらず。戦わずして敵を屈する者即ち善の善なる者なり〉とある。自分はつねに戦場におりつねに敵がいる。しかし、安田は戦わない。人の目につかない所で、たくみに軍略を巡らして敵を屈して行く。いや、彼には敵はいない。つまり、彼は善の善なる兵法家なのだ」(『実業之日本』明治四〇年五月一日号)。

雨宮の死後に善次郎が彼を追悼した文章もある。興味深いので、ほんの少しだが引用してみる(『太陽』明治四五年六月一三日号)。

「俗にいう先見の明、凡人を超えた鋭敏な想像力をもっておったとでも言おうか、要するに時勢の要求を見抜くことが常人よりも一歩早い頭脳を持っておった」

「その上非凡の実行力を持ち、どんな困難に出会っても必ずやりとげる非凡な勇気を持った積極家だった。私は〈消極〉の方を極度に守ってきたが、私からいうと積極家には通例として尻のしまりがない。これは一長一短、自然の摂理のやむを得ない点とはいいながら、積極家で尻のしまりができるという人は、めったにいない。そこで雨宮君も、あれだけ奮闘したけれども、とうとう財産は作り出せずに一生を終えてしまった」

戦わないで敵を倒していくという善次郎の商法とは、いったいどんなものだったのか。

銀行家、つまり金貸しの彼にとっての基本的方針の一つは、本人の発言によれば次のようだった。

「自分は借金のために金を借りに来る人には貸さない」

「昔、両替商だったときには贋造貨幣が沢山あったので、真偽を見分けるのが大変だった。しかし、そういう貨幣を扱った経験から、今では一片の銀貨を手の上に載せるだけですぐに真偽がわかる。人の善悪を見分けるのも同じで、経験をもって推察する以外に道はない。銀行家は人を見る目が備わっていなければならない」

「人が金を借りに来たとき、借金に苦しめられたり生活の困難から来たのか、それとも真に事業のために来たのかどうかを、よく見極める必要がある。次に、その人が確かにその事業を起こし得る資格があるかどうかを、見分けなくてはならない」

「今の銀行業者は、十中の八九は、貸金額よりもずっと高い抵当物を取っている、これでは真の貸借関係とは言えない。本来は、この人は間違いないと見込んだら、抵当物など取らずに金を貸すのがよい。それが銀行業者の本分である」

「借金を返すために借りに来る者には、断じて貸すべきではない。こういう人は、高利貸しからでも借りるがいいのである」

また、「安心して金を貸す人」という題を与えられたときには、善次郎は次のように答えている（『実業之日本』大正九年一一月一五日号）。

「勉強家で先見の明を持つ人」

「その人が世間からとやかく批判されたとしても、少しも厭いません。ただ、事実かどうかを見分けるのが肝腎で、評判の悪い人でも悪心で始めたものでなければ、一生懸命に援助します」

「私は忘恩ということは大きらいです」

「抵当に相当する金を貸す質屋なら誰でもできますが、人の働きぶりで金を貸そうとするにはその人をよく見抜かなければなりません」

「銀行家には公私の混同は禁物です。同郷だから金を貸すなんてことはしません。銀行家は意志が強くなくてはいけません。情実に囚われるようでは、失敗するほかありません。破綻・失敗の原因の多くは、無理な貸付けです」

静岡県のある豪農が自分の田畑四〇余町歩を善次郎に売ろうとして声をかけた。そこで彼は現地に赴いたのだが、まとまった土地を見れば必ず買う気になるだろうと思ったその農家は、土地全体がよく見える高い場所に善次郎を案内して効能を述べ立てた。

しかし、善次郎は聞く耳を持たず、その小作人の家宅を巡回して、帰ってから知人に「せっかく拝見したけれど買うのは止した」と言う。「どうして？」と聞くと、善次郎は「小作人があんなぜいたくな暮らしをしているようでは、小作米がとどこおって、とても割に合わないから、ご免蒙るというわけさ」と笑って答えた。

こんなエピソードも残っている。

安田が融資していた、大手倉庫会社の雇われ社長が、在任した二年間に、わずかに一度だけ善次郎の訪問を受けた。その人は善次郎についてこんな話を披露している。

「安田さんは、人に任せたらある程度までは任せきりにして決して疑わない人で、私はその太っ腹につくづく感心した」

「その実見の折りのこと、玄関の脇のちょっと人には気づかれない所に立てかけてあった二本の釣竿を見つけられた。そして私に向かって〈釣りをするのは昼寝よりはましでしょうね……〉と言われた。私には実に急所の痛手であった。私は、社務の暇にまかせて、近くの小松川に時々釣りに行っていたからである。私には、この言葉が〈お前はまだ勉強が足りないぞ〉という訓戒の言葉と受け止められた」

「釣竿をいきなり発見するという緻密さと機敏さには、実に感服のほかなかったのである」

「非凡の眼光」というタイトルがつけられた『実業之日本』のコラム欄には、次のごとく書かれている（明治四四年六月一五日号）

地方で活躍するある経済人が善次郎の所を訪問した折り、「あなたのご郷里には立派な新開地がありますが、あれはまことに珍しい」と言われて驚いたという。善次郎は、旅行に出ると人情風俗から物産の大小に至るまで、何でも詳細に観察して頭の中に畳み込んでおくので、土地の人よりもかえって事情に明るく、あっとばかりに人々を仰天させることも珍しくないのである。鉄桶《てっとう》水を漏らさぬ金融王の作戦計画は、すべて彼のこういう情報収集力の下にあるのだ、と。

全国を隈なく歩いて徹底実態調査

善次郎の趣味は至って広かったが、中でもユニークなのは「旅行」だった。今日と違って交通機関が相当に不便だった明治四〇年代に「行ってないのは壱岐《いき》一国だけ」と豪語していたほど、全国を隈なく歩いていた。

矢野文雄の『安田善次郎伝』に出てくる旅行地と時期をリストアップしてみる（晩年の旅行はこの伝記には書かれていないようだ）。

明治五年／伊香保
明治六年／箱根、熱海
明治九年／日光、大阪、神戸
明治一一年／箱根、熱海、静岡、浜松
明治一二年／伊香保
明治一三年／京阪神、静岡、豊橋、栃木、福島
明治一四年／千葉
明治一五年／京阪神
明治一六年／福井、石川、富山
明治一七年／箱根、北海道、千島、国後、東北地方、日光、九州、中・四国、大阪
明治一九年／塩原、日光
明治二〇年／奈良、吉野、高野山、神戸、広島、金比羅宮、大阪、京都、岐阜
明治二五年／北海道、青森、盛岡
明治二七年／愛知、大阪、神戸、岡山、広島、山口、愛媛、富山、門司、千葉、茨城、鎌倉

明治二八年／滋賀、広島、熊本、長崎、奈良、京都、名古屋
『商工世界・太平洋』（博文館）の明治四四年七月一日号に善次郎が書いた記事は、そのユニークな旅行の仕方や効用を、次のように興味深く伝えている。

この年の三月から四月にかけて、自分は播州（兵庫県の南西部）一帯と美濃（岐阜県）大垣付近を残らず歩き、五月には新潟から佐渡に渡り、この島の人情風俗から経済状態まで詳細に踏査した。「これで日本全国津々浦々、ほとんど残らず歩いてしまった」。まだ行っていないのは、長崎の壱岐島ぐらいなものである。
自分は若い頃から旅行が好きで、暇さえあればカバンを提げて直ぐに出かけるのだが、同じ所でも二度三度と歩く。たとえば、五年前に歩いた所でも、模様が変化しており、戸数が増えたとか、道路が良くなったとか、市役所が新築されたとかしている。そこで、五年前の日記帳を取り出し、それと照らし合せて変遷ぶりを考える。これが旅行の何よりの楽しみなのだ。

このことは、実は銀行業務に大いに関係がある。ある地方から新たな取引きを始めたいと言ってきた場合、そこの状況をすっかり調査しなければ方針が立たない。しかし、自分が実

際に踏査した土地だと、すぐにその見当が付くわけだ。

これに加えて、全国各地に自分の銀行があるので、絶えず各地の現状を把握しておく必要がある。たとえば今まで一〇の取引きをしていた土地に対して、一をプラスして一一の取引きをしてもいいかどうか、あるいは八ぐらいに減らすべきかといった方針を決めるのに、実情を踏査しておくことが、大切な要件になる。

そのために視察を担当する行員は配置してあるのだが、元々自分は旅行が好きなので、無駄なようだが自分も始終回っているのである。ところが、自分の回り方は彼らとはかなり違って、たいてい秘密にして誰にも話さない。行く先でも人に知られないようにする。安田が来ているということが知れると、どうしても充分な視察ができないからである。

ある時期まで、着いた翌日には新聞記者の訪問を受けることが多かった。理由は、宿帳に名前を書くと警察に連絡が行き、そこから記者の耳に入るからだとわかった。そこで、宿帳を持って来たときには「私は宿を立つときに書かせてもらいます。決して怪しい者ではありませんから、安心して泊めていただきたい」と言うことにした。以来、どこに行っても隠密でゆっくり踏査できるようになった。

先日佐渡に行ったときのことだが、新潟に泊った日に暴風が来て渡れなくなり、だんだん日が延びて帰りに間に合わなくなりそうだった。しかし、どうしても行きたい。「郵便船なら出る」とわかったから、「土地の者しか乗せない」というのに無理矢理、宿屋の者が止めるのも構わず小さい蒸気船に乗り込み、船長に頼んで船長室に寝かせてもらった。もともと船が嫌いなうえに、船酔いで吐いてばかりいたのだが、とうとう渡って充分に視察できた。

これで全国の要地は皆歩いたわけで、大いに安心して帰ってきた。

善次郎は「これまでまだ失敗の経験がない。見込みを立ててやりかかったことで、遂げられなかった例はない」とまで広言しているが（明治四一年）、これを可能にした要因の一つは、おそらく、旅をすることによる情報収集だったのである。

彼は、雑誌のインタビューで「何事にも決して無理な考えを起こさないことが自分の世渡り主義」だと答えている。この世を渡るのは道を歩くようなものだから、百里の道を一〇日で行き着かねばという場合、最初は一日七里か八里ぐらい、足が慣れれば一〇里、一一里と増やしていけば、一〇日かかるはずが九日か八日で目的地に着けるではないか、というのである。

旅を楽しみながら知らず知らずのうちに見聞を広め、その土地の人情風俗を自然にわかるようにすれば、仕事をする上においてどれだけ好材料になるかわからない、そしてそれは、「学問を修めるよりも一層適切だ」というのである。

彼が旅行地を観察して歩くそのコツは、次のようなものだった。

彼が最も重要視したのは、その土地の神社仏閣がどのような状態にあるかだった。

中央省庁の地方視察などにおいては、その土地の道路、山林、学校、病院などを見てこれを報告するのが一般だが、神社仏閣から推察する善次郎の方法は、彼自身によれば実に的確に、その地の風俗気質を反映していた。

たとえば、お宮はないが大きなお寺がある、あるいはお寺はないが神社がきれいだと、土地の人が宗教心に篤いことが直ぐわかる。

また、お寺が古びて粗末だとか、神社は大きくても崩れかかっているとかであれば、宗教心が薄いということがわかる。宗教心の薄い土地は発展性がない。

村落の家の模様と庭の掃除の行き届き具合で、その土地の生活程度がいっそう確実にわかる。同じ農家でも、茅葺きや土蔵の多いところ、わら葺き屋根でも家の周辺がきれいに掃除されているかどうかで、家人が勤勉な人かそうでないかが判断できる。

現に、加賀、能登、越中、越後あたりの農家と、駿河、遠江《とおとうみ》、三河、尾張、関西、九州のそれでは、著しく違う。夜は三里も五里もある町に出て車夫をするなど、副業をしながら必死に働いている農家は、しぜんその家もきれいにしている。

善次郎は次のような尺度を設けて、その観察結果を表にしていた。

それは、全体を上中下の三段階にランク付けし、この上中下をまた次の上中下にランク付けして、全部を九段階で採点するという方法である。たとえば、土地の富の程度は「上の上」とか、土地の気風は「中の下」といったように記録しておくのである。

その徹底ぶりは「日本全国各地の〈富〉〈気質〉〈勤勉心〉〈宗教心〉〈風俗〉〈地味〉〈地形〉などを残らず表に示している」ほどだった。

家族サービスを兼ねた出張旅行

善次郎が『商工世界・太平洋』に寄稿した「江州商人の傑出した五つの特徴」という記事は、旅行の調査レポートとしてとても興味深い。現代文に直して以下に引用してみる（明治四三年四月一五日号）

少し手広く商売をしている江州商人[*37]（近江商人）は、たいてい十数代はその家を継いできているし、ごく新しくても数代は経た家である。したがって、徒手空拳で起《た》って一代のうちに巨萬の富をつくるとか、大仕事をはじめて数十万（今なら数十億）の財産を一朝にして水泡にするという派手さは、全くない。

ごく地味で堅実で用心深く、一段一段踏みしめながら登る流儀で、あまりに保守的すぎると言う人もいるだろうが、これが江州商人気質の第一の特徴だと、言わざるを得ない。商業教育ということがやかましく言われる現今ではあるが、彼らは学校教育には重きを置かずに、実地の方から叩き上げる方針をつづけているようだ。

江州商人はだれもかれも独立して商売しているように思われている。しかし、実際は決してそうではない。

ある一定の年期奉公を済ませて、商売上の掛け引きや商人間の気脈などがわかった頃、家に資産のある者は独立して店を開く。しかし、江州商人の多くは、終生その家にいて店の発展のために一身を打込むのである。ここが他国の者にはできない彼らの特色の一つというべき第二の点である。

第三の点は内部組織にかかわる特徴である。

江州商人の多くは、暖簾はその家のものであっても、実際の内容は合資会社風に構成されており、利益は均等に分配される組織にしてある。他国の商店の場合は、主人が亡くなると営業方針が急に変化し、見苦しい衰亡の実態を世間にさらしたりする。しかし、江州商人は内部組織が右のようになっているため、そうしたことはあまり起こらない。他国人にはちょっとできない風習といえる。

第四の特徴は、店が家族的な組織になっていること。というのは、店員はたいてい子供のときからいる人間だし、江州人以外はほとんど雇わない。しかも最初の二〜三ヶ月は国元の自分の家に住み込ませ、人柄の見当が付いてから、東京や大阪の店に呼び寄せる。それも、二年ぐらいは見習い扱いで、店のことをよく覚えさせてから本当の小僧にする。しかも、昔なら「読み書き算盤」は必ず教え、今日では夜学に通わせたりして、普通教育ぐらいは仕込む。本人が望めば高等教育を受けさせることもある。

そして、たとえ小僧が病気になってそれが長い療養を必要としても、決して親元の手に渡したりしない。不幸にして死ぬようなことがあっても、葬儀から遺族への後始末まで、雇用主がきちんと世話をするのである。

こういう次第で、家族的な関係が維持されることになる。

第五の点は、江州人には生来商人的気風が備わっていることである。この国は昔から豪商が多かったので、子供も女性までも、生まれつきのように商業を好む傾向がある。男性は、政治家を志す者が少なく、一途に実業界に雄飛することを熱望する。それだけに比較的大胆で、冒険的思想に富んでいる。

そのせいで、彼らは何百年の昔から名古屋、京都、大阪、江戸、さらに九州から北海道にかけて盛んに商業的遠征を試みたのである。したがって、その多くは、本国におけるよりも他国において雄飛したのである。

右の文章は彼の著書『意志の力』(大正五年)に再録されているが、その際に彼は、「以上は私がしばしば江州の各地を巡歴して、その上中下を通じて各種の人にも接し、また、東京や大阪などで活動する江州人を観察した所の大要にすぎない」と文末に加筆している。

彼の旅行はまた、仕事のための出張旅行、仕事を成功させるための調査・視察旅行、さらには完全な余暇のための遊山旅行、それに、老父や夫人を伴っての家族旅行、以上の四つを一緒にしたものだった。

明治七(一八七四)年、善次郎は、すでに妻を亡くして富山で一人暮らしをしていた父・善悦を東京に呼び寄せた。その父の居所として、神田美土代町《みとしろちょう》二丁目七番地の屋敷を事前に購入し、以来、孝行息子の彼は、毎月三〜四回は芝居や相撲その他に連れて歩き、春には花見、秋には紅葉狩りをともにした。そのうえで、たいがいは妻の房子も連れて、出張や視察の旅行と兼用で家族旅行も実施したのである。

栃木県の県庁は、宇都宮以前には栃木町にあった。善次郎は同県の金銀取扱御用をしており、安田商店の出張所もあったので、汽船による交通が至便だった栃木町へしばしば出張した。そこで彼はまず、出張のついでに妻と父親を連れて日光見物をした(明治九年)。

父と夫人を連れてのその後の家族旅行には、箱根・熱海・静岡・浜松あたりへの二〇日間余（明治一一年）、伊香保方面への三〇日余（明治一二年夏）の旅行がある。また、富山市の愛宕神社に寄付する御影石の鳥居を大阪の業者に作らせた折、その検査を頼む口実で、父に出張を兼ねた大阪見物旅行もさせている（明治一二年）。

明治一三（一八八〇）年夏には、四〇余日間にわたり夫婦だけで京阪神の遊覧をしているが、旅程は、矢野文雄の『安田善次郎伝』によればこうである。

「まずその途次江の島に立寄り、湯本、箱根等に遊び、静岡より浜松に向かい、豊橋を経て伊勢に出《い》で、内宮外宮を参拝し、二見ケ浦に遊び、それより三本松に出で、大和路《やまとじ》を回り、有名なる初瀬の観音、三輪の社《やしろ》を参拝して奈良見物をなし、法隆寺に至り、神武御陵をも拝し、高野山に参詣して、同地より堺を経て、大阪に着した」

「右はもっぱら遊覧のためであったけれども、氏は、かたわら各地の財界を視察して、その金融状況にも留意したらしい。大阪においては銀行業者等と会見して、この地における業務の発達を計画し、それより京都に赴き、大津に遊び、三井寺《みい》、石山寺に参詣し、引返して伏見の稲荷を拝し、京都より大阪に帰り、有馬の温泉に赴き、同所より神戸に出て、須磨・舞子の勝景を賞し、神戸より玄界丸にて帰京した」

「この行は氏にとっては珍しき長旅で、七月三〇日に東京を発せしより、四〇余日を費した」

明治一七（一八八四）年夏の東北・北海道方面への旅行も、鉄道が東北本線以外ほとんどなかったことを考えれば、その旅路の困難は想像を超えるものがある。

まず函館まで直行し、小樽、札幌に寄って幌内炭坑などを視察。また函館に戻り、同地の銀行家と会見してから、船で釧路、厚岸《あっけし》、根室と回り、ここで山田銀行の支店の状況を調べた。さらに国後島《くなしり》と千島《ちしま》に足を伸ばし、国後の硫黄鉱山の調査をした。北海道の鉱山業者から資金援助を求められていたためだが、この実地調査がその後の釧路の硫黄の事業につながったのである。それから根室、厚岸を経てまた函館に戻り、山田銀行の諸帳簿を検査した。

帰りは東北地方の巡遊である。

青森に寄り、小湊《こみなと》村、七戸《しちのへ》を経て三本木、藤島村、伝法寺《でんぽうじ》、五戸《ごのへ》、清水村、三戸《さんのへ》、一戸《いちのへ》等を巡視。それから中山峠を越えて盛岡から花巻を経て一関《いちのせき》に出、ここから川船で北上川を下り、石巻に至ってこの地を視察。今度は海路を取って野蒜《のびる》港を見、松島に至って瑞巌《ずいがん》寺などを見物。塩釜に渡って仙台に出た。ここから福島に赴き、二本松、郡山《こおりやま》を経て宇都宮に入り、安田系列の銀行を調査し、途中一～二の支店で立寄り調査して帰京した。
以上の旅行にかけた日数は四〇余日だった。

明治二八（一八九五）年。この年、五八歳で仕事盛りの善次郎は、一月に浦賀、三崎、鎌倉方面、四月に関西、中国、九州地方の視察旅行をしたが、五月下旬からは夫人と子供たちを連れて、仕事抜きの上方見物家族旅行をしている。

まずは京都各地の名所めぐりで、開会中の博覧会見物のほか、桂離宮、修学院離宮、二条城をはじめ、東山の有名な寺院に詣で、大津に行って三井寺から近江八景を見物したあと、兵庫県の有馬温泉に滞在し、それより須磨、舞子《まいこ》にも寄って大阪に戻り、奈良を見物したあと名古屋にも立寄って、七月二日に一ヶ月余の旅を終えたのである。

他人との協調より自己判断を優先

徒手空拳で日本で四番目の巨大企業グループをつくりあげ、そのうえ、家族サービスも立派に果たすとはお見事と言うほかないが、その安田善次郎は、情報で溢れかえる時代のわれわれに、何とも耳の痛いことを言っている。

「今日（大正時代の）、社会の趨勢、時代の傾向を察して事業を企てんとする者が、単に机の上で地図や風土記や報告書などによって見解を定めるようなことで、どうして正確な計画が立てられようか。百聞は一見に若《し》かず。自分で実地を踏査した上でなければ、意見も知識も出るものではない」（坂井磊川《らいせん》著『銀行王安田善次郎』）

善次郎は、だから他人がどう言おうと、自分の情勢判断が正しいと思ったら、孤立をおそれずにそれを実行したのである。

大正の中ごろのことだが、銀行協会が預金金利の引下げを協定した。善次郎もこれを承認すると表明していた。にもかかわらず、他行は協定発表後すぐに実施したのに、安田銀行だけは発表を見合わせたので、振替えを希望する預金者が安田銀行に押寄せた。

他行の頭取たちは「安田が協定を破った」と言っていきり立ち、さまざまな圧迫を加えようとした。しかし、安田の隆々たる勢いにはとても勝つことができず、敗北を自覚しただけだった。

そのとき善次郎はこう言ったという。

「お客の利益を減らしてまで儲ける必要はない。他の銀行のことは知らないが、自分の銀行は現状の利率で経営が成り立っている。そもそも協定などというものは、表面を繕《つくろ》うための方便であって、事実はいずれの同業者も皆違反をしている。同じ違反をするなら、自分のように率直にやるのがいいのである」

これは、自己の利益を求めるための発言ではない。そうした善次郎の精神は、次のエピソードにも残っている。

日本銀行の創立に際して、善次郎は渋沢栄一とともに創立委員になった（明治一五年）。日銀が生まれれば紙幣の発行権を同行だけに統一する必要がある。したがって、従来全国多数の国立銀行に与えていた発行特権を取りあげなければならない。

これを突如として実施すれば、猛烈な反対が起こる。そこで政府当局は業界の最有力者である渋沢に白羽の矢を立て、彼から銀行業者を説き伏せてもらうことにした。時の大蔵卿（大臣）だった松方正義からその意を受けた渋沢栄一は、まず安田善次郎を説得することにした。多分反対されるだろうと思ったので、制度上の合理性をもって大いに力説したのだが、予想に反して善次郎の答は簡単だった。

「それは自己の立場からすれば、はなはだ迷惑な話である。しかし、国家の貨幣制度の統一上やむを得ず、かつまた財界の健全な発達のために必要だというのなら、喜んで賛成しましょう」

そこで渋沢は、善次郎ともう一人、山中隣之助[38]を加えて三人で奔走した。結局銀行業界の意見は見事にまとまったのである。

『銀行王安田善次郎』(昭和五年刊)に、著者の坂井磊川は、善次郎の経営方針は特異であるとしたうえで、他行とは反対の行動に出ることが多く、それが、よく言えば銀行界の先覚者《せんかくしゃ》であり、悪く言えば横紙破りだったと評して、前述の協定破りのほかに、次のような事実を紹介している。大正九(一九二〇)年三月、株式市場が突如凋落《ちょうらく》して経済界が恐慌を来たしたそのとき、人々は「安田が売り崩したためだ」と叫んだ。

安田銀行が最高値で大量の手持担保株を売り払った直後に、崩落が始まったからである。しかし、善次郎の立場からすれば、そのときの高値は勢いに乗じた熱狂相場だったので、彼は、やがて来るべき株価の下落による損害を免れるべく売っただけだったのである。坂井は書いている。

「(安田)翁の先見の明はおそるべきものであった。翁は早くからこの事あるを期して、同業者の誰彼《だれかれ》や多くの事業関係者に、絶対警戒の必要をしばしば力説・勧告した。……また、社会の各方面各階級の人士が、ことごとく株式熱に浮かされ、ひたすらに株界に馳《は》せ向かうのを歎《たん》じた。……安田は果たしてその手持ちの担保株を売出した。その売出し価格の総計が莫大な額に上がったことは勿論である」

「しかも、消息通によれば、安田は、売り崩して低落せるところを見据え、前に売り放ちたる約三分の一の市価をもって掬《すく》いとり、担保差入れ者に向かって〈お預かりの株券はすでに期限を過ぎておりますが、そのまま保管してありますから、いつでもお引取り下さい〉と言って涼しい顔をしていたそうである。……なんでも、東京株式取引所にして八百円台にも上がったのが、一落三百何十円かになったと記憶するが、株界の通人が、これによって安田の儲け具合を推算したのも、根拠のないことでもなかろう」

「事業界も金融界も、皆それぞれに打撃を受け、惨憺《さんたん》たる状態に陥った中にありて、ひとり安田銀行は超然たるものであった。すでにこれのみをもっても世人の嫉視《しっし》反感を買うに十分であるのに、ことに安田の売り処分によって、自己の差入担保株を失うた取引者は、期限経過なる自分の罪は棚に上げ、ただただ安田をもって不人情だと怨《うら》み、大銀行のとるべき態度ではないと批難した」

36 幕臣の家に生まれた評論家。東洋英和学校で学び、「国民新聞」の記者や「信濃毎日新聞」の主筆を務め、「中央公論」や「太陽」などに数多くの記事を書いた。

37 琵琶湖の東側、滋賀県の蒲生・神崎・愛知の三群出身の商人をこう呼んでいる。全国的に行商活動をして注目された。伊藤忠商事などもその一つ。

38 埼玉県出身の実業家。東京府議会議員を務め、第三十二国立銀行、富士製紙、東京ガスなど大企業の重役を歴任したほか、国会議員にもなった。

第七章

勤倹主義

——安田流ケチの美学

来客時でもおかずは三品以内

安田善次郎に対する世間の印象は、「とにかくケチ」ということだった。

明治・大正・昭和にわたって大活躍した巨人的ジャーナリスト・三宅雪嶺《せつれい》は「安田氏は金を集めるのみで散ずることはほとんど全くない。出しても身代に比例してははなはだ少ない。済生会に出したのは珍とせられるが、それさえ多い額でない」と批判している（『実業之世界』明治四四年九月一五日号）。

前述したように、「恩賜財団済生会」には、三井・三菱・大倉の各一〇〇万円に次ぐ四〇万円という巨額（今の貨幣価値にして四〇億円）を安田は寄付しているのだが、それでも世間はケチったものと見なしたのである。マスコミは善次郎のケチぶりを、しばしば財界の大御所である渋沢栄一と対比して記事にした。次の話もその一つである。

「往年安田が（韓国の）京城に行ったとき、人々はひそかに、彼が大金をばらまいてくれるだろうと期待した。韓国では、なにしろ東アジア一番の長者として羨望されていたから……。しかし彼はビタ一文も無駄金を使おうとせず、旅館の茶代もわずか二円しか出さなかった。一方、渋沢栄一は、第一銀行韓国総支配人の市原盛宏《せいこう》を伴って京城に赴き、ぜいたく極まりない大園遊会を開いて御馳走を振舞った。これに使った費用は実に三万円だったというのだ」（『実業之日本』明治四〇年三月一五日号）。

しかし、善次郎は、金のあるなしにかかわらず、「あくまでも質素であるべきだ」との原則を貫いただけだった。たとえば安田家の朝食は、奉公人もふくめて「一椀の味噌汁に数切れの香の物を添えた程度」だった。当然善次郎も同様だった。

漢籍に親しんでいた彼は、汪信民《おうしんみん》*39の「人常《つね》に菜根《さいこん》を咬《か》み得れば百事做《な》すべし」を教訓とし、若いときからこの信条に従って日常生活の節約を実践していた。

雑誌社から健康法を聞かれて、彼は「明治元年から、一〇年を一期として食事の量を一定にし、一期ごとに少しずつ改良して継続してきたが、明治三一年からの第四期以降、朝食を止して昼と晩の二食主義にしている」と答えている（大正六年四月。ただし、実際には朝は梅干一個と味噌汁一杯だけは口にしていたらしい）。

その際の昼食は、（代金を会社が負担し、）職場である銀行の近くの仕出し屋から取っていた一個九銭の弁当で、行員が仕方なく食べる昼食と全く同じ。どちらかといえば中味は安物ばかりで閉口する行員がほとんどなのに、彼はいつもきれいに平らげていたという。

来客があって食事を振舞うときでさえ、おかずは三品以内と決め、お茶は一杯でおしまい。茶菓子を出したことさえないと『実業之日本』（明治四五年六月一五日号）は書いている。それに夕食の御飯は白米でなく五分搗《つ》き米だった。

大倉喜八郎の下で大倉組の副頭取をしていた門野重九郎《かどのちょうくろう》は、善次郎のケチぶりについてこんなふうに語っている（『平々凡々九十年』）。

「日本一の金持が旅行中はいつも汽車弁で済まされたのは、ビックリ物だった。しかも、蓋についたメシ粒は一粒も残さず拾って、それから改めて箸を取り直され、副食物でも香の物一片さえ残っている間は、ていねいに包んで棚の上に載せておかれる始末。……」

「あるときなど、わたしが某新聞を買おうとその名を汽車の窓から呼ぶと、〈門野さん、ちょっとお待ちなさい。それならこちらにありますよ〉というご注意だ。わたしは買うことをやめた。だが、その新聞は安田さん自身の手にあるのではなかった。〈いや、もう少しお待ちなさい。あの人が今読んでいるから、それを借りればいいですよ〉。なんと、これが当時の銀行王の心遣いである」

「安田さんが、旅館の心付け（チップ）を五円にするか一〇円にするかと、すこぶる真剣な面持ちで研究しておられるところに、実際に行き当たったことがある」

とはいえ、まだ社用の車などほとんどなかった明治の末頃に、善次郎は、関係銀行や会社を訪問するのに、自社用自動車（当然外車）を利用していた。もちろん、それはぜいたくのためでなく、車で回るほうが効率的だったからである。しかし、行員たちには次のように訓諭して、ハイヤーを呼ぶことも制限していた（『実業之日本』明治四五年六月一五日号）。

「晴雨寒暑にかかわらず、雨傘を携帯せよ。雨に降られて車にでも乗れば高いものにつくから」

善次郎が暗殺されるほんの少し前のこと、大正一〇（一九二一）年五月一三日の午前に、彼は四男の善雄と二人、東京駅から特急の二等車に乗って長崎へ向かった。見送りに出たのはほとんどが浅野総一郎の関係会社の重役たちだったが、彼らに向かって善次郎は、真綿で首を締めるような説法をして、ギャフンと言わせた。

「お見送り下さったご厚意はまことにかたじけない。しかし、こんな無益なことに時間を使わずに、仕事の方に精を出して下さい」

その列車では「下の方はもったいない」と言って、料金の安い上段の寝台を選ぶ質素ぶりも見せているが、これより先の七日に、夫人および令嬢とともに東京を立ち、長崎で落ち合った浅野総一郎は、当然のことだが一等の個室寝台を利用した。

また、あるとき安田・浅野の一行は、浅野が経営する「東洋汽船会社」の大洋丸で、長崎から上海と香港に向かう処女航海に試乗したのである。一万五千トン弱の大洋丸は、第一次世界大戦の敗戦国であるドイツから賠償金代りに日本がもらった船で、「日本郵船」が「燃費も悪いし安定にも欠ける」と断ったため東洋汽船が引受けた船だった。だから世間は「危険船」と噂した。それを打ち消すために、浅野が善次郎にわざわざ乗ってもらったのである。

この航海中に、浅野が計画していた諸事業について、善次郎は双手を挙げて賛成し、「二億円ぐらいは金を出すから」と約束した。しかし、そのわずか四ヶ月後に善次郎は帰らぬ人となり、約束は果たされなかったのである。

最晩年のことになるが、「この二〇年間守り通した処世の信条は?」という雑誌社の質問に、善次郎は「勤倹、克己、一《いっ》にもってこれを貫く」と答えている。彼の生き方を最もよく特徴づける言葉が「勤倹」だった。しかもこれに「克己」を加えたところがこの人らしい点である。このスローガンを実行するためには「克己心」が必要不可欠だというわけである。
雑誌の記事などをまとめた安田の『克己実話』で、編集した立石駒吉はこんな説明をしている。

「何事にあれ実行が伴わなくては、実社会において何の価値があるか。安田翁は何事も実行をもって生命とする人である。翁は勤倹をもって一代にその財を積むこと大日本帝国における第一人者である。故に世は称して勤倹の大王という」

本人自身は実に徹底していて、雑誌で次のようにも言っている（『実業之世界』大正四年五月一日号）。

「人生は克己の二字にある。これを実行するところに成功があり、これを忘れるところに失敗がある」
「今日の地位も財産もこの克己によって得たもので、他に何らの理由もない」
「この克己を確実に実行し得れば、神の信仰も不要である。はなはだ不遜のようであるが、私は自分の経験を神の教えよりも尊く思うが故に、憚《はばか》らずに青年諸君に語り得るのである」

さて、その克己によって実践し得る「勤倹」の二文字は、勤勉などの「勤」と倹約などの「倹」との合成語だが、これまで話題にした「倹」、つまり、「質素」「奢《おご》らないこと」「倹約」「冗費節約」といったことには、いったいどんな効果があるだろうか。

最大の効果は「塵も積もれば山となる」「谷川の水もついには大海となる」といった諺《ことわざ》どおり、倹約して浮いた分を貯蓄すればお金が貯まることで、それによっていつも余裕のある生活ができることである。

世の中は定めなきものだから、不意の災難に遭うかもわからない。突然病気になるかもしれない。だから常に、予期せぬ出費にそなえた準備が必要である。準備が万全だと事業も順調に進められる。しかし、その反対だと事業も頓挫する。だから「倹約」が有効になる。

倹約や節約は支出を抑えることだが、善次郎は自著『金の世の中』（大正八年）で、「収入を多くするよりも支出を少なくする」ことを勧めてこう書いている。

「収入が多いよりも支出を少なくするほうが幸福なのである。いかに収入が多くても、これを冗費すれば、収支はいつまで経っても償わない。収入が増えれば増えるほど予算はますます不足するから、これくらい不幸なことはない。故に、倹素を守り、自分の用度を節約すれば、少ない収入でも余裕ができて、それだけ儲けたと同様な結果になるのである」

善次郎はしかしまた、

「倹は質素にして奢らず、自己の分度を顧み、百事に注意して冗費を節約するの義である」

と言いつつ、

「倹約一点張りで、何もするな費《つい》やすな、手控えよとの萎縮主義であってはいけない。田地四～五反を持つ小百姓は、かゆをすすって塩をなめて生活するのでなく、米の飯を食い、魚ぐらいのオカズでもいいから食べて、大いに働いて田畑を一町にし二町にし、三町に増やす工夫をする。そこに〈勤〉が必要になるのだ」

とも説くのである。

「果報は練って待て！」の人生哲学

彼にとって、勤と倹の二つは「車の両輪、鳥の双翼ないしは夫婦のごとく、離るべからざるもの」でなければならない。つまり勤倹とは「勤勉に且つ節倹する」の意味で、一方だけでの成功はあり得ない。「勤なるとともに倹なれ」でなければならない。

また、

「各自の収入に応じ、分度を定めて生活すれば、それは決して奢侈《しゃし》ではない。大いに勤めて収入もすこしずつ増やし、それに伴って生活も分相応によくしていくがいい。縮小主義の節倹法ばかり守っていては、進歩発達は期せられぬ」

と言うのである。単に吝嗇《りんしょく》であってはならないのである。

善次郎は、子供時代に父親から受けた「自立をするには勤と倹を実行することだ」という訓戒を一生実行した。そのために「不意の災厄に出合ったこともあるが、困った思いはしたこともなく」、日本一の金持と言われるまでに「着々今日までやってきている。これからもこうだろうと思う」(『金の世の中』)とまで広言できたのである。

だから、「勤倹の道は種々あれども、行員まず平日の服務につきて躬行《きゅうこう》実践を期し、左の箇条を順守するを要す」として、従業員に以下のような「実践訓」を与えていた(九、十二、十三条略)。

一、毎朝六時には起床し、夜は九時に就寝すべし。朝寝夜更《よふか》しは身体を害し、勤務を害す

二、銀行に出勤する者は、執務時間十分前に到着する心得にて家を出て、往復必ず歩行すべし

三、担当の事務は粗略にすべからず、上役の指揮に従い、同勤の者と協力和合して、いやしくも渋滞することなかれ

四、およそ一事を為し一物に接するにも、満身の精神を以てし、瑣事《さじ》たりともこれを苟且《こうしょ》に付

す（なおざりにす）べからず

五、来客に接するには、貴賤貧富を問わず、その意を誠実にし温和ていねいなるべし

六、担当の帳簿書類は散逸せざるよう入念に保存し、かつ捜索に便利のため明瞭に標示をなしおくべし

七、執務のため日々使用する物品は無駄に消耗せざるよう注意すべし。これ倹を守るの標準なり

八、毎月二回あらかじめ日を定め、執務時間後において同僚と会し執務改良の協議をなすべし

十、およそ人は自尊の気性なかるべからず。腰を低うし温顔をもって応接をなすはもちろんなれども、その内に犯すべからざる堅固の態度あるを肝要とす

十一、取引先よりの物品の贈与または饗応に対しては、なるべく最初より謝絶するを良しとす。いわれなく饗応または物品を贈らるるは、何か為にすることあるや否やを顧《かえ》りみ、いっそう注意すべし

十四、毎朝神仏の礼拝を怠るべからず。これ人の自由にして余事なるがごとしといえども、敬神崇仏の念深き人は謹慎の心厚くして、暴慢の気少なきものなりと知るべし

今日、人々の最大の関心事は「どうしたら金持になれるか」で、そのハウツウ本が書店に溢れ

ているが、この種の本を書いた最初の人は、おそらくは安田善次郎である。「はじめに」でも述べた、彼の著書は、以下に紹介するように八点もある。

『富の活動』（明治四四年）、『富之礎』（明治四四年）、『克己実話』（明治四五年）、『意志の力』（大正五年）、『出世の礎』（大正六年）、『使ふ人使はれる人』（大正七年）、『勤倹と貨殖』（大正七年）、『金の世の中』（大正八年）。

善次郎の「倹約」とはどういうものかを知るために、右の著書のうちの『勤倹と貨殖』を使って、さらにくわしく説明してみよう。

この本を刊行した頃、彼は、「三井」「三菱」「住友」に次ぐ、日本で四番目に大きい「安田」グループを、全くの独力で築きあげていた。そのうえ、日本一の金持ちで、「銀行王」と称せられる存在で、しかも自信を持って、この本で「失敗のない人生だった」と広言していた。

「私は、七〇余年来の経験を振返ってみるに、一度の失敗もなかった。為すことの万事が皆順当に来た。いわば順風に帆を揚げて進んだように、着々と身を進めてきた」

そのうえで彼は、「人間は運に頼っているようではいけない。私のいう勤倹のコツを守って努力しなさい」と、次のように説いた。

「私の七〇余年の経験によれば、この世にはやはり運というものがあると確信する。しかし、その運の神が自分の方へ来てくれるものか、あるいは自分から取りに行くものか、二つの判断の仕方によって、成功するか失敗するかが決まる。運という字を解いてみると〈はこぶ〉であるから、わが身でわが身を運んで行かなければ、運の神に出会うことも、運の神に愛されることもできない」

「果報は寝て待て、という諺があるが、果報というものは寝ていても自然に降ってくるものだろうか。多くの世人は、偶然にやってくるもののように想像して、あの人は果報者だ、幸せな人だと羨《うらや》んでいるが、〈果報は練って待て〉というのが本当だ」

「およそ、この世に生まれこの世において一個の事業を成さんと欲すれば、貧富貴賤にかかわらず、自己を練るということは、何人《なんぴと》にも欠くべからざる資本である。この資本なくして、ただ果報を待ったところで、その人の上に果報が来るものではない」

そして、次のように、自分の成功のコツを読者に教えるのである。

「私がどういうやり方、主義、心得を守ってきたかというと、要点をいえば五ヶ条である。何人もこの主義でやれば、まず決して失敗はあるまいと固く信じている」

「第一は、目的に向かって順序正しく進むこと。たとえば百里の道を十日で行こうとするには、最初は一日に七里か八里くらいに止どめ、足が慣れるにしたがって一〇里、一一里と増していけば、決して怪我や過失はない」

「第二に、自分の弱点、悪癖と思うことは、誓いを立ててそれを矯正すること。私は若いとき酒が好きだったので、独立開業時に向う五年間は飲まないと決心した。しかし、ときどき飲みたいという気が起こる。そこで、われとわが気を鞭撻して、とうとう誓いを守った。この一事が万事につきまとって志操が堅固になったのだ」

「第三は、真心《まごころ》をもって事に当たること。たとえば、私が玩具屋から海苔屋に奉公していた六年間というものは、ただ赤心《まごころ》をもって主人に仕えた。二軒とも大きい店で、朝晩人の出入りが激しく、土間にはいつも履物《はきもの》が乱雑に散らばっている。多くの小僧たちはそれをかまわぬが、私は忙しい用事で外出するときでも、ちょっとその履物を直して行く。紙くずが落ちていればすぐに拾って屑かごに入れておく。だから主人からも非常に可愛がられた」

「第四は、虚飾をさけて実益を収めること。たいていの人は虚栄心のために失敗するが、私は開店当時三ヶ条の家憲をつくった。その一条は〈生活費は実力の十分の一を超えるべからず〉というのであるが、何事もこれを基礎にし、虚飾虚栄を深く戒《いまし》めてきた」

「第五は、身の分限を守り、公費を省《はぶ》いて不時の用に備えること。私は、昔から家の経費予算表を作って、それに従って公費を省き予備費を貯蓄してきた。その予算表は、経常費、給与費、義務費、保険料、予備費の五項目に分けてあるが、そのうちの予備費に収入の三割を充《あ》てた。つまり、収入の三割は貯蓄する方針を貫いた」

「勤」と「倹」と「克己心」の重要性

五つの要点中第一に挙げているのが「何事も順序正しく進むこと」だが、この原則は、善次郎が子供のとき、小遣いかせぎに「太閤記」の写本をしていて悟ったことだった。

物事にはすべて順序があって、これにはずれれば何事もうまく運ばない。ところが、この原則は年齢を重ね、豊富な経験を重ねても理解することはもちろん、実行することが極めて困難だといえる。しかし、善次郎は見事に順序を守りながら、明治・大正期に生きた人物中まれに見る成功者になり得た。それは「太閤記」のおかげだというのである。

善次郎の説明によれば、豊臣秀吉は、はじめ松下《まつもと》加兵衛に七年間仕えた。その間に相当に勉強をし研究を積み、修養に励んだに違いないが、にもかかわらず、織田信長の所に行って、無学無能ということで草履取りになっている。

これ以後はただ一生懸命に、忠実に尽すばかりで、一国の城主からついに天下を取るまで、ただ着実、機敏に、必死で職に当たり、立身の道行きを順序正しく昇進していっている。

そこで、まだ子供だった善次郎は、ああいう豪傑でもきちんと順序を追って昇っていったのだから、一攫千金だの風雲に乗ずるといった考え方で、われわれのような者がどうして立身できるだろうと、いたく感心させられたのである。そして、「千里の道も一歩より始まる」とか「塵も積れば山となる」の主義で進むほか道はない、この主義を守って、ただ根気よく必死で働きさえすれば、必ず立身出世ができると確信したのである。

そして、この主義を守ったおかげで「七〇年来今日まで、事業上に一度も無理をしたことはなく」『一度の違算も頓挫も生ずることなく」事業を進めることができたと、善次郎は語るのである。

さて、彼はまた、勤と倹の二つを実行することによって、次のような効果がもたらされるのだとも説いている。

第一に、身体が自然に壮快になり、次第に健康体になっていく。

私は幼い頃身体が弱くて、月に数回は胃痙攣《けいれん》を起こすほどだった。そのたびごとにいろいろ手を尽くしても効果がなかったのだが、一一歳のとき、寺子屋通いをしながら父の副業の手伝いで毎日三～四時間ずつ働いた。そして食べ物に注意し、医薬も一切やめて自然にまかせていたら、いつの間にか持病を忘れ、二年ぐらいで健康体になった。

第二に、職業の如何にかかわらず繁盛する。

したがって、自然に豊かになり資産もふえていくが、勤倹を忘れて反対行動をとれば、健康を害し、薬代がかかり、収入が減って、ついに先祖の作った財産も失う。

第三に、勤と倹を実行すれば、他人に頼る必要がなくなる。

それ故、心中は常に安穏《あんのん》で、家庭は円満、物議は一切起きない。反対に徒手坐食すれば、奢侈に流れて衣食住の虚飾を好み、収入がなくて出費ばかり嵩むので、ついには他人に迷惑をかけることになる。

第四に、いわゆる分度を守り、簡易生活を好むようになる。

おのずから品行方正となり、年ごとの収支に必ず余裕が生まれるので、愉快な一生を送ることができる。

第五に、倹と勤を怠慢なく実行すれば、疑いなく資産がふえる。

その資産は生活費を除いた余裕分を準備金として積立てること。そのうちの一部は慈善行為の準備金として積立てるがいい。

第六に、事業を経営する上で万事誠意をもって人に接し、他人を欺く意志など全くなくなる。

私は、小さな小売店を経営していた頃、来客に対しては買う人の気持ちとなり、すべての取引きにおいて、心に恥じることがないかどうかを自問し、自他双方の利益になるよう心がけた。そのためと思われるが、ことのほか繁盛して、ついに相当の好結果を得たのである。

この部分を善次郎は次のように結んでいる。

「青年諸子よ、とくと熟慮考察して、一日も早く勤倹主義に入り、勤と倹との二精神を実行せられんことを、切にお勧めいたすのである」

さて、難題は勤倹主義を実行することだが、善次郎はその指南書として『克己実話』（明治四五年刊、昭和五三年復刻）を書いている。参考までに、今の人にも興味がありそうな訓言を取り出してみる。

「誘惑に遭うのは不吉である。むしろ害毒でかつ危険である。しかし、浮世に住んでいる以上、ほとんど人の義務として、この誘惑に遭うのである」

「そこで人は、誘惑を避けようと努めるよりは、いかにしてこれと戦い、いかにして勝つかが、研究すべき面白い問題だろうと思う」

「誘惑に打ち克つ方法が一つある。それは克己心の養成である。自己の心さえ正しくして正道を踏み、邪道に迷わず、諸欲を制する強い意志さえあれば、いかなる誘惑が身辺四囲から襲い来たところで、少しも意に介することはない。この心を克己心というのである」

「人は、悲しい物を見れば涙がわく。残念と思えば血が湧く。苦しいことに遭えばいじける。面白いことと思えば気が浮く。人の心はいろいろのことで感動せしめられるものである。そこに誘惑は来る。それを退治し得る人が勇者である」

「私は、写本をするためにどれほど利益を得たか計り知れない。心静かにして机に向かい字を書くのだから気が散らず、一つのことに気を長く止どめることができる。そのため、根気を養い規則正しい生活をする習慣を作るのに、大きな力があった。太閤記とか軍談書などを読みながら写すのだから面白いし、その心によって一心不乱に写本に熱中でき、もろもろの雑念を斥《しりぞ》け得る」

「克己心については、最初の間は面白いより苦しいのが大切だから、そこに趣味ないしは希望を持たねばならない。そうすると、はなはだ愉快という観念が起る。そうなれば何事も易々《やすやす》と成し遂げられる。苦しい仕事のうちにも愉快があることを発見するまでには、幾多の修養を積まねばならない」

「自分の克己の度を知るには、ある事をある期間実行できたら、それを習慣にするつもりで何度もくり返して実行することである。困難なことでも馴れてくると克己ということが特別に感じなくなるものだ」

「私が禁酒禁煙できたことによって得た所の効験は多大であって、健康のためによかっただけでなく、自分の心は何事にも打ち勝つことができるという信念が生じたのである」

「何事であれ何人《なんぴと》であれ、大いに心懸くべきは発心・実行・継続の三つである。発心はだれにもできる。実行ならば凡夫もやって見る。しかし、継続は最も困難である。実行には胆力を要し、継続には克己心を要するからである」

「人に貯金がないというのは、病人に医薬がないと同然である。天災地変はいつ人を襲うかわからない。そんな時に何よりも力になるのは金である。今日の社会に生存して行くには食うことが第一である。本来からいえば金などは第三、第四位に置くべきだろうが、生存するという点からいうときは、金より大事なものはないのである」

「貧乏なうちはとにかく、金持になってから何の必要があって貯金するのか。ある人たちはこういうが、それは誤った考えではあるまいか。貯金の必要をいうのは、根本の意義を言えば精神修養の一つである。ここにおいて貯金と克己が深く関連してくるのである」

「月にわずか二十銭か三十銭であってもよろしい。委細かまわず貯金するのである。まとまった資本はなかなか得ることはできないが、決して失望してはならない。資本を創造し増加せしめんとする精神、すなわち貯蓄心に対する無形の結果ははなはだ多大である。物事に耐えるという忍耐の気性と克己の精神を養うからである」

八〇歳でも目・耳・歯はまだ健全

善次郎の日課には、当然のことながら勤倹主義が強く反映されている。

朝は日の出とともに起床し、冷水を満々と入れた大だらいの前で手拭を水に浸け、絞り上げては顔から手先足先、足の指までも隈なく摩擦する。どんなに寒い日でも決して欠かしたことがない。顔を洗ってから日光下駄と称する安下駄を引っかけ、三〇分から一時間、広い邸内を身体を練りながら散歩して回る。花畑の手入れもする。以前は室内の掃除も庭園の手入れも自分でやっていた。また一時は毎朝一時間余りは必ず馬に乗って近郊を走り回るのを日課とした。時にはそのまま安田銀行や第三銀行に馬で出勤していた。しかし、晩年は過激なことは避けている。

晩年の昼夕二食主義の前は、家族と一緒を原則として朝の食事をしていた。そして欠かすことのなかった朝の日課は新聞と雑誌を読むことで、新聞は『中外商業新報』(『日本経済新聞』の前身）と『中央新聞』（のちに『東京中新聞』と改題し廃刊）、雑誌は『実業之日本』を、自分の考え方に合うということで愛読した。

新聞は、どんなに寒風が吹く日でも、廊下に椅子を持ち出し、腰かけて読むことにしていた。それは健康を考えてのことで、彼はどんな寒空でも、部屋のまん中に置いてある暖房のための火鉢にあたったり、手をかざしたりはしなかった。そもそも彼は八〇歳を過ぎてもシャツを着ず股引きもはかないで過ごした。新聞は老眼鏡なしに読んでいたし、耳もいいので人の話を聞き返すこともなかった。

九時になると自家用車で小舟町にある自社の本拠地へ出勤するが、両国横網町の閑静な本邸と違って、そこでは休む間のない超多忙の一日が始まる。安田銀行、第三銀行、共済生命などを監督し、それより程遠くない明治商業銀行、東京火災保険、東京建物などを巡回する。多忙ではあるが、彼は書類にメクラ判は決して押さない。行員たちが大したことではないと判断したことでも、不審な点を見つければ必ずメモして注意した。担当者が冷汗をかくことはしばしばだった。

朝食との兼用になる昼食は、前述したように、行員食堂で行員と同じ中味の仕出し弁当を食べたわけだが、時間は一二時から何分間と決め、正午きっかりに必ず食堂へ向かった。仕事が途中であっても中止して時間どおりに行き、重役や行員がまだ一人も来ていなくてもただちに食事をし、決めた時間に箸を置き、すぐに仕事に戻った。長男の善之助によれば、二〇歳や三〇歳の若者にも引けを取らないほど健啖家で、しかも、胃腸が痛むとか下痢をすることがなかった。歯も丈夫で、七八歳のときの雑誌記事には「上下の歯は一本も欠けていない」と書いてある。

仕事を終えるのは、明治の末年頃には三時か四時。最晩年の大正一〇年には二時ごろ帰宅した。仕事はすべてこの時間内に処理した。

したがって、帰宅後は事業のことは一切忘れ去り、よくよくのことがなければ帰ってから調査することなどはしない。『実業之日本』は、こう書いている。

「帰宅後の翁は全く一個の慈父である。全く業務を離れて自ら楽しむのである。……午後の三時四時に帰宅して、静かに家庭の人となるような実業家は、当今ほとんど稀《まれ》である。知人の送迎もある。待合料理屋の饗応を交《まじ》える。各種の会合にも出席する。しかし翁はこれらの社交界に出入りせぬ」（明治四〇年七月一日号）

夕食は、夫人をはじめとする家族一同とともに食卓を囲み、団欒を楽しんだ。彼の人物を示すに足る最大の趣味は飲酒と言われているが、酒屋から極上の日本酒を取り寄せ、必ず夕食に一本付けた。ただし、酒量が一回につき一合は二合になり、二合は三合になる悪い癖があったため、三合になると彼はピタッと禁酒した。禁酒を三週間つづけた後は、自ずと飲める量も減るので一日一合に戻すことにしていた。このような自制、克己心は凡人にはとても及ばない所だが、次のようなエピソードもある。

日露戦争に際して日本国民は争うように献金したが、善次郎は「金を持っているものが献金するのは当り前すぎるので、出征兵士の辛苦に同情して自らの楽しみを絶って報いたい」と、安田一一家すべての禁酒を宣言しこれを実行した。そして酒代相当額を献金した。

右の安田一一家は、毎月四日に両国は横網町の安田本家で楽しい饗宴を張ることを常とした。安田一族間の懇親を図る目的のこの会は「和合会」という名称だった。

彼が家族や同族を大事にしたのは、次のような考えが根底にあったからである。

「国家、国家という者があるけれども、まず一身一家がおさまって、これが克《よ》く整わねばならぬ。それができてはじめて国家を論ずべきである」(『実業之世界』明治四五年五月一日号)

夜は原則として九時には就寝した(これは最晩年のことで、大正四年、七八歳のときのデータでは一〇時となっている)。

以上が善次郎のだいたいの日課であるが、一日の時間割りがきちんとしていて、相当厳格に守られていたことがわかる。長男の善之助(二代善次郎)は『実業之日本』(大正一二年七月一日号)に、「仕事に追われるな。仕事を追って行け」というのが父親の信念で、約束した時間は厳守して一分と違わなかった、「日程を定めてこれを厳守したことは、おそらく日本人として類が少なかったであろう」と書いている。

感心すべきは、彼が二〇代後半から八四歳の死に至るまで日誌をつけていたことである。この日誌には、公私の別なくその日のできごとを詳しく記してあり、別に諸費記入帳、原簿なども自分で記載して、日々の収支を明白にしてあった。

本人は「日誌は後日の捜索の材料になって、人事の交渉上その利益少なからず、諸出入を自ら記すことは家計を乱さぬ根本であるのみならず、この二つで克己心を養うことも多い」と、その効用を説明している。

39　宋時代の中国人。『大漢和辞典』によれば、「北宋の宰相からの招きも断り、性格は篤実で剛強。著書に論語直解がある」という。

第八章

趣味と成功——得る金を皆貯へにしろ鼠

趣味もいろいろ。乗馬から謡曲まで

安田善次郎の一番の趣味は旅行で、日本全国の主なところはほとんど見て歩いたというのはすでに六章で紹介したとおりである。しかし、彼の趣味は旅行のほかにもまだまだある。それは驚くべき多彩さだった。

坂井磊川によれば、「指先の器用も頭脳の明敏さも全く底知れないもの」があり、「水泳、乗馬、剣道、説話、謡曲、絃歌《げんか》といった調子の何でもござれであり、茶の湯、生花、和歌、俳句、漢詩、絵画に至るまで達者でないものはなく、特にその書と文章とに至りては、長技《ちょうぎ》と称すべき」ものだった（『銀行王安田善次郎』）。坂井の指摘から洩れているものに「自転車」があるが、彼は自転車の国産化（明治二三年）以前の明治一三年頃に、早くも興味を示して練習を始めた。しかし練習だけでやめてしまった。理由はこうである。

彼がどんな輸入自転車で練習したかは不明だが、運転が相当難しかったらしく、両国橋の上を走っていたある日、道を歩いていた老婆にぶつかりそうになり転倒してしまった。当時それは珍しい光景だったから、たちまち見物人が四囲を取巻き、巡査もやってきて職務質問され、名前が警察手帳にメモされてしまった。この事件を境に、断然自転車を止したのである。

また、これも坂井の本にはないが、少年期から学んでいたスポーツには柔術も槍術もあった。

江戸に出た直後の小僧時代にはスポーツをする余裕はなかったはずだが、実は馬術に興味をおぼえ、麻の風呂敷を背負って、一回五文の借馬料で練習していた。ともあれ、独立、結婚、事業の拡大と目の回るような忙しさだったはずの時期には、乗馬などとても無理だった。しかし、明治二一（一八八八）年、五一歳のとき、「すでに社会公共のために尽してきたので、これより老後を楽しもう」と決心するに及んで、乗馬の練習を再開した。それは、鉱山の事業を始めるために北海道を旅行した折、汽車も舟運もない同地では馬に頼るしかなく、そのことが動機になったのだという。

今でいえば自動車教習所にあたる馬術練習所に通って、たとえば「中等二級免許」とか「卒業証書」とかいう正式の資格を取り、自宅に付設する馬小屋をつくり、一頭一二〇〇円といった値段で買った「春鳥」「モジリヤ」「与市」などの馬を飼育しながら、朝は五時前に起きて近辺を乗り回すのを日課にした。雑誌によれば「向島《むこうじま》より綾瀬《あやせ》橋辺りまで、もしくは亀戸《かめいど》、一ツ日を過ぐるもの、あるいは厩橋《うまやばし》を経て上野より神田、向柳《むこうやなぎ》辺に至り、不忍《しのばず》の池を三巡する」などがそのコースで、寒暑を問わず、必ず二〜三里ほど乗ったという。

そのうち、すでに一〇代の半ばになっていた長男の善之助や、甥など親族の少年たちにまで乗馬を勧めて馬術を練習させ、仕事の余暇に数名の一族を引き連れて郊外一〇里内外の遠乗りを楽しんだ。また、伏見宮や閑院宮などに随行することもしばしばあった。

馬に対する彼の入れ込みぶりは、鉱山事業の用で北海道に出張した折の次の日記（明治二五年八月）からもよくわかる。

「四時半、桔梗野《ききょうの》牧場に行く。馬匹《ばひつ》洋牛を見せらる。種馬の洋馬ザリーフ、アラビヤ（六歳）は美事なりき。土産《どさん》の馬、巴号《ともえ》（四歳栗毛）、鬼小島、華山、その他数頭いずれも美事なり」

彼は馬車馬を駆《ぎょ》することも好きで、所有する三頭のうちモジリヤ号を自家用馬車の輓馬《ばんば》にし、馬車を自ら駆して外出することまでした（明治二五年以降）。

驚くべきは馬の彫刻まで作らせたことである。それは明治二四年のことで、その道の達人に木製の馬を一頭彫らせ、この年七月一八日、当時の総理大臣・松方正義を通じて明治天皇にこれを献上した。宮内省にはこれを人足八人で持込んだと記録にあるので、相当に大きい木馬だったはずである。天皇も深く馬を愛した方だったので、この彫刻に殊のほか満足し、松方を通じて八月二九日、「よろこばしくいただいた」旨を、善次郎宛に伝えられたという。

ところが、これほど熱心だった乗馬を、彼は六〇歳を境にぴたりとやめてしまった。

実は、乗るのは好きだったが技倆はあまり上達せず、時々落馬して馬とともに川に落ちたことさえあった。そこで六〇にもなってケガでもしたら恥ずかしいというわけで、やめる決心をしたのである。皮肉なことに、安田銀行の行員たちが還暦祝いとして、善次郎が盛装して馬に乗っている姿の銀の彫刻を作らせ、これを彼に贈ったのだが、この彫刻を受取った日の朝、彼は馬から落ちてしたたか腰を打ち、苦しんでいたところだった。

この祝いの品を受取った善次郎は、「我落馬してはからずも乗馬の像を得たり。けだし、天、行員に命じて我をいましむなり」と言って、これを記念像と見なし、以来馬に乗ることはなく、朝の乗馬を朝の散歩に代えたという(『実業之日本』明治三四年九月一日号)。

善次郎が色紙に描いた馬(明治安田生命保険相互会社提供)

これと違って一生続けていた趣味が囲碁で、特に四〇代には暇さえあれば「凝り固まった」(矢野文雄)。ただし、経済のことには天才的な頭脳を発揮するのに、碁はむしろ下手といってよかった。そしてその事実を素直に認めて、同好の士と「拙碁会」なる「下手の横好きクラブ」まで結成した（発会は明治一七年一〇月一二日）。この会は次の会則を定めていた。

一、拙碁会は毎月二四、二五、二六の三日内においてする
一、会主は、会員順にこれを定める
一、会主の自宅において開会す。もし差支えあれば、よそを借りてもいい
一、開会は午後一時にし、閉会は午後一〇時を過ぎてはならない
一、会主は、会場を必ず五日前に報告すること
一、事故があって出席しない者は、前日または当日朝に、断り書を会主に送ること
一、当日は碁盤三面を用意すること
一、この会は永続を主にするので、すべからく奢侈を禁ずる。毎会会主の弁ずべき食事は、菓子、酒、飯、汁、香の物、平椀一種、焼き魚、煮魚、刺身の内一種に限る

当初の会員は、喜谷市兵衛、中沢彦吉、成島柳北、子安峻、山中隣之助らである。

矢野文雄は、善次郎の囲碁への傾倒ぶりを次のように説明している（『安田善次郎伝』）。

「氏は実に碁好きであった。いやしくも暇さえあれば、その宅に師匠または名手を招いて稽古したものである。晩年は碁に巧みな喜多文子《きたふみこ》を招いて常にこれを相手とした。けだし女子は温順にして、碁のほかはうるさき雑事を語らぬからと見ゆる」

「また各地への出張中も、暇さえあれば直ちに随員を相手にしてあくことを知らず昼夜つづけるため、これには皆々閉口したそうである。また、随員に碁を打つ者なきときは、まず第一に宿屋の主人を呼び出して、これを相手とする。主人が碁客でなければ相宿の旅客を相手とする。顔見知りかそうでないかは一向構わない。また相宿にその人なければ、館主に依頼して近所近辺の老人隠居などの碁客を招き集めるのである。その根気よきこと実に人を驚かした」

善次郎の碁は下手でありながら、どんな名人と対局しても「さあ来い来い」と責めていくもので、一度は負かすほどの迫力があり、彼は「誰とやっても、必ず勝つべく予定しておく」とよく言っていた。いつもと違うその不遜ぶりに驚いた人が理由をたずねると、彼は「私の碁は負けても負けても倦《う》まず怠《おこた》らずにかかっていく。そこで相手も根負けして、ついにはわざと負けて逃げ出すわけ。これが必勝の胸算用がある理由なんです」と笑って答えたという。

晩年に至るほど囲碁に熱中したエピソードとして、大正五年一二月の次の雑誌記事がある。

善次郎が出張旅行に出かけようというとき、娘の一人が「お父様はまことに健康ではございますが、もう七九歳のご老体なのですから、看護婦を連れていかれるといいと思いますが」と献策した。すると彼は、その好意を謝しながらも「せっかくのお勧めだが看護婦はまだ早いよ。そのかわり友人を一人連れて行きます」と言って、お気に入りの碁客を誘い、道中を引回したそうである。

ただし、このようなときに仕事上の部下である役員を誘うことはなく、ふだんも対局相手に選ぶことは決してしなかったという。

「成功を助けたのは茶道」と言い切る

明治一二（一八七九）年、第三国立銀行に続いて安田銀行を設立した年の一二月一日、善次郎は、両国の地、本所区横網町二丁目一〇番地に所在する田安邸[*40]を一万二五〇〇円で購入した。一橋家、清水家とともに徳川の御三卿で、皇居の「田安門」に名が残るこの屋敷が新興商人の手に渡ったことを、ユーモアセンスに溢れた当時の明治人は、次の落首《らくしゅ》（落書《らくしょ》）に詠って皮肉《ひにく》った。

「何事もひっくりかえる世の中や、田安の屋敷安田めが買う」

善次郎は、日本橋区小網町四丁目八番地の持家はそのまま本宅として使い、この旧田安邸を当初は別荘と称して、客の招待などに利用した。

旧田安邸には立派な茶室と能舞台があり、隅田川を控えて広い庭園（旧安田庭園として公開されている）に臨んでいるためか、鼓の音は特によかった。そこで当時東京府会議員をしていた善次郎は、これを利用して早速、能・狂言の招待会を開いた。このとき、新聞は次のように「近来の盛会だった」と報じた。

「安田善次郎氏は一昨日二十二日の日曜をもって、午後一時ごろより、東京府知事、大少書記官の三君をはじめとし、正副議長および諸議員たちを本所《ほんじょ》（区）の別邸、すなわち横網《よこあみ》の元田安邸に招き、観世《かんぜ》、梅若《うめわか》の太夫《たゆう》らを召して能を興行せしめ（番組は羽衣《はごろも》、葵上《あおいのうえ》、望月《もちづき》にて狂言は墨塗《すみぬり》なりき）、それより点茶の式などありて、日暮れ灯火《ともしび》を点ずるころより酒宴を催し、諸事よく行届き、礼に始まりて和に終りたる饗応《もてなし》ぶりなれば、来客はみな歓を尽《つく》し、まことに近来の盛会なりき」（『東京日日新聞』明治一三年一二月二四日）

このような能狂言の会を三回ほどした後、しかし、「これは町人などのやるべきことでない」と反省した善次郎は、能舞台を壊し、趣味として一人で謡曲を楽しむことに方向転換した。そして、この年の六月一六日から宝生流《ほうしょうりゅう》*41の先生に付いて謡《うたい》の稽古《けいこ》を始めた。理由は、素人の趣味として、いちばん高級だと考えたためである。

彼は、富山時代には義太夫に凝ったことがあり、毎晩のように近所の若者と稽古していたというし、一時は太夫になろうと思うほど三味線音楽が好きだった。しかし、丁稚奉公以降は時間的余裕がなかったし、低俗な感じがして遠ざかっていた。それが、謡曲の高尚さに気づかされ、自分を高めるのにも、一族や行員たちの若手に何か音曲上の趣味を勧めるのにも、いちばん上品で適していると思うようになったのである。

このとき以来、彼は家元の師匠を家に招いて勉強することを怠らず、弟子仲間の謡曲会にも必ず出席した。さらには安田一族の少年や青年たちにも敢えてこれを学ばせた。そのため、安田一族には謡曲の心得のない者がいないほどだった。中にはほとんど玄人《くろうと》と違わない名手までいたという。しかし彼は、師匠の言うことに素直に従う優等生的な弟子ではなかったらしく、雑誌記事は「安田善次郎、謡曲の師に叱られる」と題して、次のように書いている（明治三四年）。

「安田善次郎は、〈謡曲は素人芸の大関である。だから自分のような晩学の者は、なるべく新しい調子で呻《うな》って、専売特許の一機軸を出すべきである〉として、ついには我流の抑揚を弄《ろう》してわが意を得たりと張り切った」

「しかし、これに対して師匠は、〈古人は、文を学ぶには無我なれと言っている。学問の道はおおむねこのとおりであるから、謡曲を学んで我《が》を出したら、たとえ数十番を暗誦できたとしても、誰と楽しむことができるのか。よく考えたまえ〉と彼をへこませた。善次郎は唯《い》唯《い》として師のこの教えに従おうしたが、それまでの癖から抜けられるはずもなく、どうしても上手《うまく》はならないのだそうである」

旅行や謡曲とともに、茶道も長く続けた趣味だった。

明治一三（一八八〇）年一月一四日、四三歳になった善次郎は、死ぬまで書きつづけた日記に「茶の湯の稽古を始め、この日横網別荘において茶会を催す。自邸における茶会の始めなり」と記し、この日から本格的に始めた証拠を残している。

この方面で財界人の指南役だった高橋義雄（三井系諸会社の重役を歴任した経済人で茶道研究家）によれば、善次郎は「近代の茶人中最も古く茶道に入った」人と言えるそうである。百科事典には、明治維新後一時衰えた茶道が、政・財界人の中から起こった美術品収集の趣味とともに復興するのは、「明治二〇年以降」と書いてある。

一月一日に安田銀行を開業し、一月一四日に茶の湯を始め、二月に共済五百名社を起こし、同時に東京府議会議員も東京商法会議所の議員も務めながら、そのうえ六月には謡曲を習い始め、八月と一一月には京阪神方面と東北方面に長期の旅行をしているのだから、明治一三年は、彼にとって何と充実した年だったのだろうか。

東京商工会議所の前身に当たる東京商法会議所は、第一国立銀行頭取の渋沢栄一が中心になって設立され（明治一一年）、彼が会頭を務めていた。同所の主力メンバーだった善次郎は、一ヶ月に二〜三回自宅で催すことにした茶会に、早速渋沢ほか会議所の議員たちを招待した。

しかし渋沢はこのとき、茶会というもののあまりの窮屈さに耐えられず、家に帰ってから「茶の湯などというものは、孫子の代までやらせるものではない」と家人に語ったほどだった。ところがそれから二〇年後、渋沢は自宅に茶室をつくって盛大に茶会を催したのである。このとき招待されていた善次郎がかつての「孫子」の件を詰問したところ、渋沢は、頭を掻きながら「一〇年ひと昔というから二〇年はふた昔さ。孫子の代は過ぎ去ったよ」と答え、二人は大笑いしたという。

この話は茶の湯の流行ぶりをよく示しているが、こうした盛行に乗った人々の多くは、本来の茶の精神を忘れ、茶器などもぜいたくを極めるようになった。そこで、こうした俗流を嫌った善次郎は一時茶の湯から離れてしまった。しかし、質素を旨として月一回茶会を開いていた「和敬会」という同好の集まりがあると知り、彼はその会員になるとともに再び茶道に熱を入れた。同会の会員は、東《ひがし》久《く》世《ぜ》通禧《みちとみ》伯爵[*42]ら一五～一六人だったが、財界人は善次郎だけだったようである。

この会の規約には次のように書かれている。

一、和敬静寂の本旨を守るべき事
一、器《うつわ》は新古を選ばず結構を好むべからざる事
一、食は淡薄を主として厚味を備うべからざる事

茶道に関しては、善次郎は次のようなことを言っている。

「平和に幸福に人生を送るためには、物薄くして情厚しという人間真の価値ある趣味を必要とする。その趣味とは茶道である」

「人がその本務を忘れないようにして、余暇に茶道を楽しむことは、百利あって一害がない。

功成りて身退くの後は、この風流三昧に入るも妨げはあるまい」

「茶は禅なり。静坐黙々湯釜のチンチンを聞けば、百疑融然として氷解す。余の成功を助けたるは、けだし茶ならん」

事業上の大問題に直面したときには、必ず茶を点じたという経験に基づく三番目の発言について、しかし、ある茶人は次のように評している（『実業之日本』明治三六年一月一日号）。

「観じきたれば安田の茶は文士のタバコのごとく、筆に詰まってまず一服とやらかすに異《こと》ならず。彼の茶を選びたるは、勤倹これ韜略《とうりゃく》（兵法のこと）の奥の手より割出したるならん」

前述の高橋義雄も、善次郎の茶を同様に批判している（『実業之世界』大正五年八月号）

「安田君は、勤倹堂主人と自称するほどの人だが、人間の娯楽についてある一方の活路を開いているものと見える。ただし、彼の謡曲や茶事がその本業に比べてどれだけの差があるかというと、富士山と麓の小山ほど違うので、安田君は、謡曲は音曲の内で、茶道は交際道具の内で、それぞれ一番無害なものと見てこれを勧めるのであるから、つまりは勤倹主義から割出したもので、本業と趣味の領域を区分して一歩も脱線していないのである」

大理石彫刻の北村四海を徹底支援

矢野文雄[*43]がまとめた『安田善次郎伝』には、何枚かの口絵写真が載っているが、それは全て善次郎の自筆の書や文人画風の絵で、彼が書画においてもなかなかな人だったことがわかる。絵の方は、瓜《うり》と茄子《なす》、たけのこ、馬、大黒様、布袋《ほてい》様といったものに、画賛として自作の短歌などを書き加え、これに「八十翁実行道人書」などとサインしてある。書の方は、たとえば「勤倹以興家　福神必護之」といった訓言を、楷書体で大きく書いてある。矢野によれば、善次郎の字は、維新前は江戸時代の公文書の書体だった御家流《おいえりゅう》だった。しかし、維新後に公文書が楷書、つまり唐様《からよう》[*44]へと変化したことに伴い、晩年に至るほどますますみごとな唐様になった。これは「安田翁の人格が次第に品格よく進行した」ため、字体が変遷していったのだという。

彼の絵については、次のエピソードが雑誌に載っている（大正一四年）。

枢密顧問官の石黒忠悳《ただのり》子爵（茶道の和敬会の仲間で、前の公職は日本赤十字社社長）の応接間には、ガラスに入った一枚の絵が掛けてあるが、これは安田翁の揮毫したもので、なかなかうまく描けている。

石黒によれば、ある日安田が「年に一枚は自分の絵を君に贈りたい」と言ったので、「ご厚意は有難いが、立派な表装をするにはお金が足りないので」と断ろうとした。すると安田は「それなら私の方で工夫しましょう」と、すぐにガラス張りの掛軸を送ってきた。一見したところ普通の掛物と変わりなく、ガラスははずせるように巧妙に作られていた。以来毎年贈られて来たため、石黒の元に安田の絵が一〇枚集まった。石黒は絵を掛け変えては（四年前に死んだ）友人のことを思い出している。


善次郎はまた、さらに書画を買い集めることにも、美術家に資金を援助することにも積極的だった。書画骨董趣味に関しては、他の財界人ほどはよく知られていないが、売立て、入札といった会にはひんぱんに出入りし、逸品・妙品に出会えばしばしば購入していた。徳川三代将軍家光が筑波山に寄付した銅製の燈篭が、松本某から売りに出たときには、三〇〇円という高値でこれを買入れている。

興味は新しい美術品にも及んでおり、当時はまだ珍しかった美術展覧会があると、必ずといっていいほど出かけた。一般にはほとんど知られていないが、善次郎は、大理石彫刻の第一人者である北村四海《しかい》のことを、全くの無名時代にそうした美術展で知り、以来金銭的な援助をこっそりと続けていた。

北村四海とは、生まれ（明治四年）は長野市だが、育ちは新潟県の市振村《いちぶりむら》（現青海町《おうみまち》）なので、新潟県人とされている彫刻家である。

父親が神社仏閣を専門とする宮彫り師だったこともあり、塑造の勉強のため市振小学校を中退して上京。しかし、当時は東京美術学校でさえ彫刻は木彫しか教えていなかったため、職人について象牙彫刻を習うほかなかった。帰郷して父の助手をしながら、日本美術協会展に「馬上の神武天皇」を刻んだ木彫を出品したところ、これが一等賞になった。

それは明治二八（一八九五）年、彼が二五歳のときのことだが、この作品が気に入った善次郎は一〇〇円（今の一〇〇万円ほど）でこの当選作を買上げた。そのうえ、「ぜひ会いに来るように」と伝えた。翌年北村が上京して会いに行ったところ、善次郎は「資金援助をしてもいいが、それは次回の出品作を見て決める」と約束したのみならず、自社の社宅をアトリエに改造して住まわせた。その期待に応えた北村は勉強をつづけ、彼の初めての大理石彫刻である「少女像」が日本美術会展で二等賞をとる。その翌年には、本場の大理石彫刻を学ぶためにフランスへ留学する（明治三三年）。

北村はこの地で象牙彫刻を作って売りながら勉強するが、肺病を患って生活に困り、日本の友人に金の工面を頼む手紙を再三出した。事情を知った善次郎は名前を伏せて三〇〇円送金した。

そんなことで、肺病が治って帰国してから、北村はまた安田銀行の社宅に住んで仕事をつづけたのである。

その後、東京府北豊島郡日暮里村に一軒の家を手に入れて移り、結婚し、「太平洋画会研究所」の創立に参加し（明治三七年）、ここの教授になると同時に、彼は作品の制作にも意欲を燃やした。東京府勧業博覧会に出品した女性像の「霞」は、重さ一八〇〇キロ、高さ二メートル余の大理石を、茨城県の水戸から日暮里のアトリエに運搬して彫ったという（明治四〇年三月に出品）。

文部省美術展覧会（文展）の第一回展には、善次郎一家の群像彫刻制作のため出品できなかったが、第二回の文展には、「春」と「秋」の一対の大理石彫刻を出品し、三等賞を受賞している（明治四一年）。


七二歳のとき、善次郎は家督を養子の善三郎に譲って一時引退しているが（明治四二年一月）、このとき、全銀行員三〇〇〇余人に慰労のしるしとして自分の財産を分与した。そして「これを種金とし、毎月収入の五％を一〇年間積立貯金してほしい。自分はこれを克己貯金と名づける」と諭達した。

この「克己貯金」のお金と通帳は北村四海にも渡された。しかし、四海は善次郎の諭達に反いて種金を使ってしまった。このことを知った善次郎は、子（ね）の年の子（ね）の日に描いた大

北村四海作の大理石彫刻「安田翁立像」（安田学園蔵）

黒様の絵を四海に与えて、これを毎日拝んで貯金に励むよう諭した。それ以来四海も貯蓄をするようになったという。

四海は前述の「安田一家の群像」のほか「安田翁立像」（安田学園蔵）、「安田翁半身像」「安田善悦座像」などの大理石彫刻を制作している。また、善次郎を追悼して安田家が大磯の別荘に「持仏堂」を建立した折（昭和六年）、四海作の善次郎の石膏座像三〇体が内部の須弥壇下に収められた。

北村四海の代表作「イヴ」（東京国立近代美術館蔵）は、第九回文展（大正四年）で三等賞になり、政府が買上げた作品である。禁断のりんごを食べて人間の性に目覚めたイヴが体をかがめて悩んでいる姿が刻まれ、ロマンティシズムに溢れた、日本には数少ない大理石彫刻の傑作である。

自ら本を編集発行して友人に配布

六〇歳頃のこと、善次郎は短歌をそえたこんな訓言をつくった。

「主人は一家の模範なり。我よく勤めば衆何ぞ怠らん。我よく倹ならば衆何ぞ奢《おご》らん。我よく公ならば衆何ぞ敢えて私せん。我よく誠ならば人なんぞ偽らん。

のぞみ見よ　板井の清水　我が影の
よその姿の　うつるものかな

勤倹堂松翁しるす」

「板井の清水」とは、板で囲った流れの井戸のこと。明治の頃までは、日本人は他人に伝えたいことを短歌の形にして、わかりやすく表現していた。善次郎も文章が巧みだったので、この種の実用的な短歌のほかに、肉親の死の悲しみや旅で味わった感動を短歌で表現し、また世間への皮肉を狂歌にして楽しんだ。

東京府下の奥多摩で山林の視察をした折（明治一九年）には、

見渡せば　錦綾なす紅葉ばは
げに山姫の衣なるらん

九重の　御園にそそぐ　滝津瀬《たきつせ》の
その源《みなもと》の　玉水ぞこれ

と詠じ、三重県桑名の冬の宿では（明治三一年）、

木曽川の　瀬々のあじろ木　埋《うず》もれて
鷺こそとまれ　今朝の白雪

という歌を残した。

父親の善悦が享年七四歳で生涯を閉じた（明治三〇年三月）あとには、屋敷の庭に咲く桜を見ながら次の二首を詠った。

物思ふ　涙にそらや　曇るらん
　おぼろに見ゆる　庭の初花

長閑《のどか》なる　春の日影は　照らせども
　袖のしぐれは　はれむともせず

彼は七日間沈思黙坐して喪に服し、来客は完全に謝絶して墓参だけを毎日続けたという。その墓参の帰り、上野の桜の下を通った折の気持を、次の歌にしている。

花もみな　浮世のいろと　眺むれば
　なほあぢきなき　我が身なりけり

善次郎が丁稚小僧時代に仲良くなり、死ぬまで交際を続けた友人に、前述した増田嘉兵衛という人がいる。増田も碁が好きだったらしく、善次郎が大磯の別荘に出かけるときには横浜に住む増田と待合わせをし、安田別荘で碁を打って楽しんだ。次の二つは安田の歌と増田の返歌である。

なつかしき　友と語らふ　楽しさに
　ふる雪さへも　忘れはてつつ

降る雪と　つもるおもいを　語らんと
　都をあとに　來つる君かも

善次郎は何でも几帳面にメモをしていたため、普通の和歌のほかに狂歌だけを記録したメモ帳もあった。それによれば、最初に狂歌をつくったのは明治二三（一八九〇）年、五三歳のときで、「山居の心」と題した次の歌だった。

欲ばりは　まだいつまでも　山猿が
　木の実にあきて　今日も暮らしつ

「山猿」と「止まざる」、「木の実」と「この身」で言葉遊びを楽しんだ歌である。
ところで、右のメモ帳は関東大震災で焼失したため、残念ながら彼の狂歌は、それ以前に雑誌などに公表されたものだけしか紹介できない。

これは狂歌というよりも道歌といえそうだが、善次郎は、盆暮れの賞与を行員に支給する際に、その袋に、自詠の歌を書いて渡していた。そのうちの一つである。

得る金を　皆貯へにしろ鼠《ねずみ》
　子に子を産んで　福はきのえ子《ね》

白鼠は大黒《だいこく》様の使者とされるめでたい動物。さらに、甲子《きのえね》、つまり、「甲・乙・丙・丁」などの十干と「子・丑・寅・卯・辰」などの十二支とを組合せた干支《えと》の最初は、物事の始まりを意味するから、これもめでたい言葉である。かつては、この日の子《ね》の刻（午前0時）には商売繁盛などを願って、大黒様を祀ったという。十二支は、植物の発生・繁茂・凋落の輪廻を示しているが、「子」には「孳《し》」（生む、しげる）という意味がある。
善次郎は日本一の金持ちで、同時に日本一のケチとして有名だったので、世間は絶えず彼の悪口を言い放った。これに耐える気持を表わしたのが、樹の枝に止まるみみづくを描いた絵に書きそえた次の画賛である。

小鳥ども　笑はば笑へ　われはまた
世の憂きことは　聞かぬみみづく

彼が仕事で中国（清）に出張したとき（明治三五年二月）には、「清国人の生活する様《さま》、いかにも劣等に見えて憐れなれば」としたうえで、次の狂歌を作った。

あわれこの　濁江《にごりえ》にのみ　すむ魚《うお》は
うかぶ瀬もなき　世をかこつらん

彼が八〇歳を迎えた年の元旦には、全くもってすがすがしい気分を狂歌で表現し、これを経済雑誌に発表した（『実業之日本』大正六年一月一日号）。

あけそめし　年もゆたかに　朝日の戸（丁《ひのと》）

身（巳《み》）に心地よき　窓の初風

大正六年は、前記の十干・十二支の組合せ（「六十甲子《こうし》」ないしは干支と言い、六〇年で還暦となる）によれば、丁巳《ひのとみ》の年に当たっている。

大正五（一九一六）年五月、狂歌の達人としても著名な大倉喜八郎は、七七歳、つまり喜寿の記念として『鶴乃とも』という狂歌集を自ら編集発行した。それは、当時の日本における政治・経済・文芸・貴族・新聞・雑誌その他の頂点に立つ有名人一五〇人に対し、「七五三」「七夕」「七不思議」「七福神」などの題材で狂歌を作らせ、手書きの美しい書体で書き連ね、和綴じに製本したわずか二五〇部の限定出版本だった。

右の各題材ごとの中扉には挿絵があるが、「七福神」の中扉には善次郎が描いた大黒天の見事といっていい絵が載っている。

そして彼は、本文の狂歌に関しては「七本槍」を題材に次の歌を寄せている。

武士《もののふ》の　ほまれも高し　賤が岳
いまも其名は　さびぬやりさき（松翁）

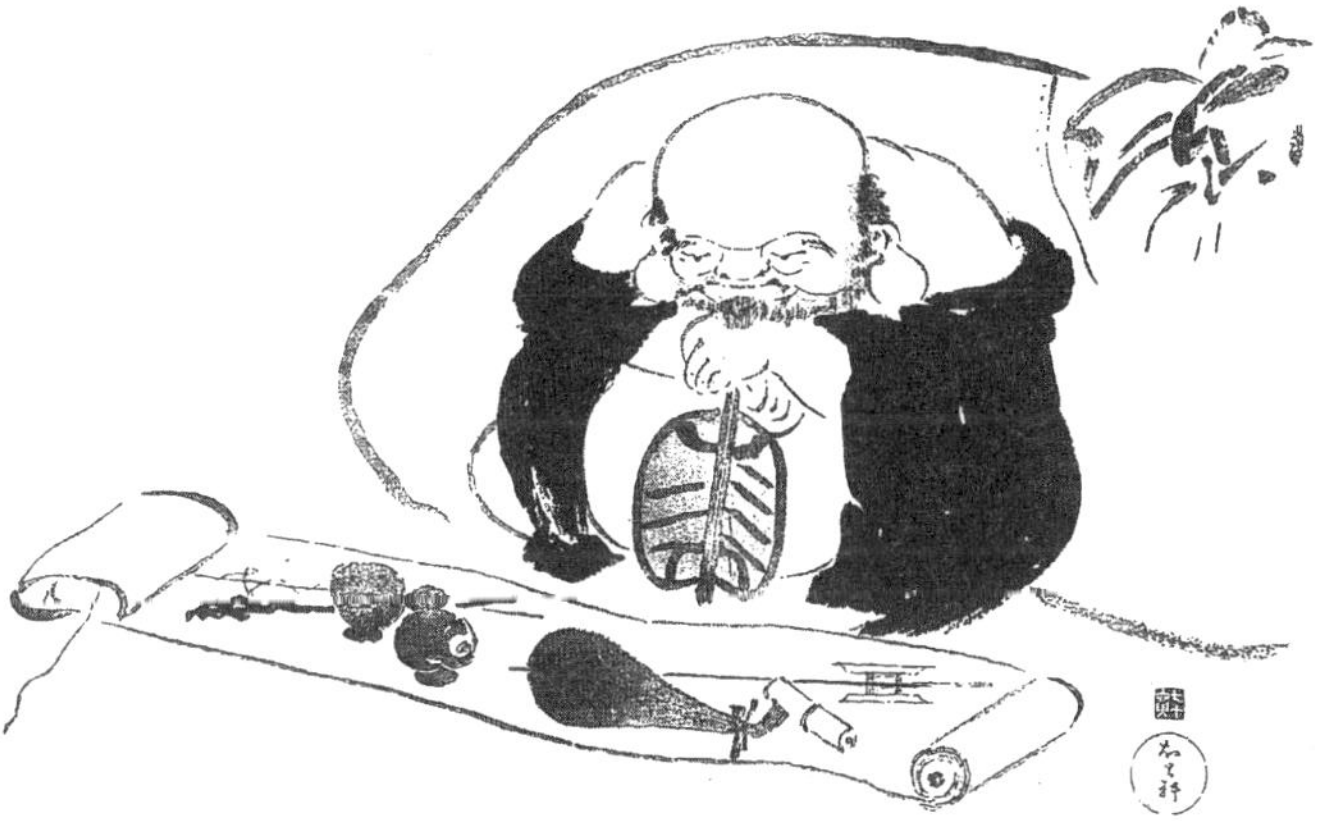

善次郎が描いた大黒天の絵（大倉喜八郎が刊行した狂歌集『鶴乃とも』から）

賤が岳の戦いで柴田勝家を破った秀吉は、全国統一の基礎をつくるが、この戦いで活躍した加藤清正ら七人の勇者が「賤が岳の七本槍」として称賛された。このことを歌にしたのである。

最晩年の大正一〇（一九二一）年頃には、浅野総一郎に次の狂歌を贈ったとされる。

五十六十　はなたれ小僧
男盛りは　八九十《はっくじゅう》

しかし、もともとこの狂歌を作ったのは大倉喜八郎で、善次郎はこれを借用しただけだと思われる。喜八郎の下で大倉組の副頭取をつとめていた門野重九郎が、「大倉さんは数えで九二まで生きられた。そうして、つねづね口にしておられたのが、四十五十は鼻たれ小僧、男盛りは七八十、という言葉で、晩年には、七八十がいつしか八九十に改められていた」と書いているからである。

善次郎には、もう一つ面白い趣味がある。

彼は自分で編集した本を四点作っている。そのうち、「帖」のついた三つは、それぞれの分野の仲間たちの肖像と筆蹟を集めた交友記念帖で、各人に一冊ずつ配布している。

一つは『彭寿帖《ほうじゅ》』といい、碁や謡曲の友人を対象に作ったもの。彭寿の意味はよくわからないが、「彭」は「数が多いさま」のことである。一つは『千載帖』といい、茶道関係の友人に関する記念帖。千載は千年に一度の意味なので、長く付き合おうという気持を込めてこの名前にしたと思われる。もう一つは『偕楽帖《かいらく》』といい、明治の元老や大臣や親しい実業家を対象にした本である。「偕楽」とは多くの人とともに楽しむという意味がある。

善次郎は、明治九（一八七六）年という早い時期に、成島柳北（『朝野新聞』主筆）、子安峻（『読売新聞』初代社長）ら数人と「偕楽会」と称する紳士のクラブを結成した。その四年後にできた生命保険会社「共済五百名社」はこのクラブが母体だったのである。その当時経済界の主流である渋沢栄一、大倉喜八郎、益田孝らは「春雨会」という会を持っていたが、次第に会員が減り、ついにはこの「偕楽会」と合同し、毎月一〇日に会合を持つようになった。

善次郎が『偕楽帖』を作ったのは明治三七（一九〇四）年の秋で、そのときには、客員が松方正義、桂太郎ら四人、会員が三井高保、原六郎、益田孝、大倉喜八郎、渋沢栄一、高橋是清、浅野総一郎ら二八人だった。この本の序文は、「勤倹堂・安田善次郎」の名により、次のように書かれている。

「友人相見《あいまみ》え談笑するは、楽之《たのしみこれ》に如《し》くものなし。……談笑の間に見聞を交換し、兼々《かねがね》積日の勤労を慰する吾が偕楽会の如き、蓋《けだ》し其最たるものか」

「斯会《しかい》や実業有志の集る所、党を作らず、派を立てず、和気あいあい能《よ》く胸襟を披《ひら》いて、款晤《かんご》す。其談ずるや、主として、経済実業に係り復《ま》た政治に及ばず、其楽しむや、豪奢を衒《てら》はず、貧素を旨とし、清遊を期す。……明治九年以来今日に至る、二十有余年、曽《かつ》て哀ふる事なし」

「頃日《けいじつ》会員相謀《はか》り手蹟照相《しょうそう》の一片を此手帖に蒐《あつ》め、以《もっ》て他日の記念と為さんとす。一度之を開けば恰《あたか》も一堂の下に相会して談笑するの思あり。快といふべし。以て序となす」

以上の三点とは違って、交際範囲外の人物まで含めた本が『明治成功録』で、全部で三四人の簡単な伝記をひとまとめにしてある。善次郎は、「余が自作〈明治成功録〉に選び入れたる三四名の名士」、という文章を雑誌に寄稿しているが（『実業之日本』明治四三年二月一日号）、それによれば、その三四人とは渋沢栄一ら経済人二四名（正員）と、岩倉具視、伊藤博文、東郷平八郎などの公家、政治家、軍人一〇人（客員）で、「明治の成功者の中から少数を抜き出した」ということである。そして正員である経済人に関しては、「主として独立商で、裸一貫で身を起こし今日の成功を拓《ひら》いた人」で「行動が世の為人の為になっている人に限った」という。そのため、そのメンバーには、前川太郎兵衛（木綿問屋）、柴川又右衛門（貿易商）、神野金之助（名古屋の豪商）といった、今日では忘れられている経済人が含まれている。

この本もまた、肖像写真と筆跡と善次郎の執筆した小伝で構成されており、作った本はその三四人に一冊ずつ贈呈された。その他の人に配布したわけでないことから、これも単に善次郎の趣味で、楽しみのために作ったのだということがわかる。

40　八代将軍徳川吉宗の次男である田安宗武を祖とする田安家は、明治になって屋敷を両国の横網町に移転させられた。財政に窮した政府は、これをまた民間人に払い下げたわけ。

41　五つある能の流派の一つ。室町時代後期には、小田原の北条氏に召しかかえられ、のちに徳川家康に招かれたという。他の四つは、観世・金剛・金春・喜多流。

42　公家の東久世家の生まれ。尊王攘夷派だったことから明治維新後も政府の要人として活躍し、神奈川県知事、侍従長、貴族院副議長などを歴任した。

43　大分県出身の政治家、小説家、ジャーナリスト。慶応義塾で学び、郵便報知新聞、大阪毎日新聞の記者や経営者をし、官吏となって清国公使も引き受け、矢野竜渓の名前で政治小説「経国美談」を発表した。

44　御家流（または青蓮院流）の和風とは反対の中国風の書体のこと。江戸時代には文人・書家が好んだ。

第九章

社会公共——戦争さえも終わらせる力

まわりが勝手に投票して国会議員に当選

明治一一（一八七八）年一二月一八日、全国の府県会選挙の先頭を切って第一回東京府会議員選挙が実施された。その結果、日本で初めての地方自治体の議員四九人が誕生したのだが、その中に、大倉喜八郎（定員三名の京橋区）、福沢諭吉（二名の芝区）、福地源一郎[*45]（二名の下谷区）らとともに安田善次郎（三名の日本橋区）もいた。目立って多い当選者は、華族、士族、豪商、文筆家だった。

翌年一月六日に開かれた第一回の東京府会で議長選挙が行われ、福地源一郎（東京日日新聞＝現毎日新聞・東京の主筆）が二四票を獲得した。次いで行われた副議長選挙では、福沢諭吉（慶応義塾々長）が一九票、大倉喜八郎（大倉組商会）が五票、安田善次郎が一票を獲得し、こうして第一回の東京府会議長に福地、副議長に福沢が選ばれた（ただし、福沢は多忙を理由に五日後に辞退した）。

以上の事実は、明治初期の急激な変化が優秀な人材を求めざるを得なかった事情を示しているが、善次郎もまた、四〇歳を過ぎたばかりで成功者になったため、福沢、大倉らと同様、立候補もしないのに議員に選ばれたわけである。

明治一二年七月、善次郎は来日した米国の前大統領（第一八代）U・グラント将軍の接待委員に選ばれた。そのうえ、同将軍を上野で饗応するについて明治天皇の御臨幸も仰ぐことになったため、その請願委員も担うことになった。七月二日から二ヶ月滞在した同将軍には、さまざまな歓迎会が催され、歌舞伎を見せたり日光見物をさせたりして合計で一万五八〇〇円の接待費を使うほどで、善次郎は東奔西走させられ、極めて多忙な日々を過ごさなければならなかった。

翌明治一三（一八八〇）年の二月二三日、善次郎は「多事にして自家業務の発展に少なからず不便を与えらるるが為」との理由で、結局東京府会議員の辞職願を提出。いったんは離れるのだが、実は再度東京の議会議員にかつぎあげられている。「出たい人」でなく「出したい人」を選挙民が選ぶ時代だったから、やむを得なかったのだろう。

明治二二（一八八九）年五月一日、東京府を残したまま、市制・町村制が施行されて東京市[*46]が誕生。五月二九日から三一日まで三日間をかけて行われた第一回の市会議員選挙で、彼はまた前回同様日本橋区の代表として市議六〇人のうちの一人に選ばれたのである。

六月八日の第一回市議会で議長、副議長、名誉参事会員（一二人）などの互選があり、善次郎もそのメンバーに選ばれたが、そのうち岩崎弥之助、福沢諭吉、富田鉄之助ら四人[*47]は、多忙や病気を理由にその任を断っている。しかし、超多忙なはずの渋沢栄一も善次郎も田口卯吉らとともに参事会員に留まり、議会活動をつづけた。だが、やはり会社経営との両立が困難だったのか、一年五ヶ月後の翌年一〇月、次のような辞職願を提出して議員を辞めている。

「自分は他出多くして在京の日は稀少なるべく、ついては参事会員の任に当たりかね候につき、ここに辞職つかまつり候間、しかるべくお取り計り相成り度く候也」

同じ財界人気男の益田孝や大倉喜八郎と、善次郎との大きな違いは、彼が国会議員の選挙にも、落選したり当選したりしていることである。

明治二三（一八九〇）年七月一日、日本で初めての衆議院議員の総選挙[*48]が実施され、先進国並みの議会制民主々義の政治が始まることになった。

とはいえ、有権者は国税を一五円以上納めている男性のみ。全国で四五万人ほどだったので、人口比では一・一％でしかなかった。東京の選挙区は一二区に分けられ、各区の最高得票者のみを当選とする小選挙区制だったが、七月三日付の新聞各紙で確かめると、安田善次郎は第四区（日本橋、選挙人六三九）で得票数三〇。第三位で落選していた。ちなみに、実業家仲間では、第五区（本所、深川）の渋沢栄一も次点だったから、国会議員にはならなかった。

しかし、不安定極まりない帝国議会は翌年の一二月には早くも解散し、第二回衆議院議員選挙が明治二五（一八九二）年二月一五日に実施されている。矢野文雄の『安田善次郎伝』によると、このとき善次郎は、米倉一平、雨宮敬次郎らに再三勧誘され、「衆心移し難くして遂に候補者に立つに至ったが、前東京府知事楠本正隆氏と競争の姿となり、……二十四票の差を以て失敗せり」とある。

だが、新聞で確認すると、その事実はないようだ。善次郎が実業家の代表として出る計画はあったが、実際には多忙のために取り止め、日本橋区長の伊藤正信を推薦することに方針が変更されている。結果は第一回同様藤田茂吉（『郵便報知新聞』主幹）が当選している。

その二年後、明治二七（一八九四）年三月一日にまた総選挙があった。このとき善次郎は、それまでの日本橋区小舟町から本所区横網町に自宅を転籍していたため、今度は第五区（本所深川）の選挙民から熱烈な立候補要請を受けることになる。その煩わしさに耐えられなくなった彼は、旅行を口実にして一月から来客を断ることにし（衆議院の解散は前年の一二月三〇日）、二月一日からは、実際に関西方面への視察旅行に出かけた。

まず尾張地方の武豊《たけとよ》、半田《はんだ》、大浜《おおはま》（碧南市）、新川《しんかわ》、亀崎《かめざき》（半田市）等の町々を遊歴し、大阪、神戸、岡山、尾道と進んで四国に渡り、三津《みつ》ヶ浜（松山市）から道後温泉に遊び、山口県に渡り、岩国に遊んで吉《きっ》川家の歓待を受けた。同県の二〜三の銀行を救済していたため、特にその現状を視察したのである。それから厳島神社に詣で、京都に立寄ってから二月一六日に東京へ戻った。

しかし、帰京しても「勝手連」の支援者はしつこく立候補を迫ってくる。そこでまた静岡方面に出かけたりしたが、ついには、勝手にかつぎ出そうという連中に対して「私は無理だから、代りに奥三郎兵衛[*49]氏を推薦したい。どうか同意してほしい」と頼み込み、彼らをあきらめさせた。

しかし、早くもこの年九月にまた総選挙（第四回）が実施されることになり、何と「勝手連」の懲りない面々のかつぎ出し運動が再燃した。「これは面倒だ」と思った善次郎は、まず富山に帰郷（六月七日）。用事ができて一時戻ると彼らがまた説得に押しかけたため、安田運搬所を設立した関係で大阪へ出張し、さらに下関へも足を伸ばしてから帰京した（八月一日～一四日）。

さらに一週間後には、家族とともに日光へ出かけて逃避しようと試みたが、出発の夜（八月二〇日）に一人がその後を追って来て、日光で説得に当る始末。頑として固辞を続ける善次郎に対し、しかし、東京第五区の選挙民は、九月一日の投票日に、立候補を辞退したにもかかわらず、一七九票を投じて当選させてしまう。しかも次点の太田実の得票数は、わずか一票だった。九月四日付の『東京朝日新聞』でこの事実は確認できるが、この紙面から、東京第九区の鳩山和夫[*50]（鳩山由紀夫、邦夫兄弟の曾祖父）が一四二票で当選したことも確認できる。

日光にいた善次郎に「トウセンシタ　カエリヲ　コウ」との電報が来て、やむなく彼は帰京するが（九月三日）、翌日から関係者のところを回り、「何としても辞退したい」という意向を伝えて歩いた。結局彼は、九月七日に東京府知事の三浦安に宛てて、次のような辞表を提出したのである。

「本府第五区衆議院議員当選之趣《おもむき》御通知被下《くださり》拝承《はいしょう》仕《つかまつり》候。……難応《おおじかたく》候間《あいだ》謝絶致候。可然《しかるべく》御取計《おとりはかり》可被下《くださるべく》候……」

実は、これでも選挙区の有権者たちはあきらめなかった。それから三年少し後に（明治三一年三月一五日）第五回の総選挙が実施されたのだが、そのときにもまた立候補の要請がなされたのである。善次郎が書き続けていた日記によって、この事実を確認することができる。

四〇代から経済界の主力メンバーに

安田善次郎の社会公共的な活動は、明治一一（一八七八）年八月に誕生する「東京商法会議所（東京商工会議所の前身）」の、第一回の社員に名を連ねたあたりから始まった。同会議所は、日本最初の商工会議所といえる地域的経済団体だが、明治政府が、諸外国と条約改正交渉をするのに有効と考えたことから、東京の財界有力者に設立を勧めたのである。

スタート時の会頭は渋沢栄一（第一国立銀行）、副会頭は福地源一郎（東京日日新聞）と益田孝（三井物産）で、合計五一名の社員には、たとえば次の人々がいた。

大倉喜八郎（大倉組）、森村市左衛門（森村組）、岸田吟香（楽善堂薬舗、岸田劉生の父親）、三野村利助（三井銀行）、岩崎弥太郎（郵便汽船三菱会社）、成島柳北（朝野新聞）、川崎正蔵（川崎造船所）、子安峻（読売新聞）、栗本鋤雲《じょうん》（郵便報知新聞）。

右の経済団体の構成メンバーになったということは、単に一企業の経営者であるのみならず、欧米先進国に追いつくために、日本の経済界全体をリードする役割を引受けたということでもある。財界の中心人物だった渋沢栄一に請われる形で、以来善次郎は、単にお付き合い的な意味でさまざまな会社の創立委員に名を連ねることになる。

これより少し前の同年六月、日本橋兜町六番地に「東京株式取引所」[*51]が発足した。資本金は二〇万円（一株一〇〇円）だったが、善次郎は、養子の安田卯之吉（初代善四郎）名義で四〇株を出資してその株主に加わった。

また明治一二（一八七九）年一一月、安田銀行の設立願書提出と同月に、日本で最初に外国為替の取扱いをした横浜正金銀行の設立に関与した。民間人の発起したものとはいえ、当行は、資本金三〇〇万円のうち一〇〇万円は政府が出資する、政府系の特殊銀行である。善次郎は、同行の創立発起人として安田卯之吉を参加させ、同人の名義で四五〇株（民間第四位）を引受けた。

明治二〇年代のはじめには、大日本帝国憲法の発布（二二年二月）や帝国議会の開会（二二年一〇月）などが予定されていたことから、建築局の総裁だった井上馨が、「帝国ホテル」[*52]の建設を渋沢栄一や大倉喜八郎に働きかけた。善次郎はこの会社にもかかわることになる。

当時の新聞によれば「近きうちに国会も開設さるれば議員の宿泊所もなければならず、外人の旅館に当てる所もぜひ入用なれば、この際宏大なるホテルを建築するよう致したく、建築局よりも応分の保護を与える」といったことだった。しかし、直後に井上が辞任したため政府の補助はなくなり、渋沢、大倉のほか岩崎弥之助（弥太郎の弟）、川田小一郎《かわたこいちろう》（明治二一年から日銀総裁）、益田孝（三井物産社長）、それに善次郎も加わって、資本金三五万円の「帝国ホテル」を設立したのである（明治二〇年一二月）。

渡辺譲の設計による第一次の帝国ホテルは、木骨煉瓦造の三階建て、総面積一三〇〇余坪、客室六〇を擁する建物で、明治二三年一一月二〇日に鹿鳴館の隣りに開業した。宿泊費は最低が一泊二円七五銭で、「特別上等」料金が九円だった。初代社長は渋沢栄一、二代目社長は大倉喜八郎である。

明治三〇（一八九七）年、善次郎が六〇歳だったこの年から数年間は、「別に特記すべき新事業なきも、旧来の営業はますます発展するのみ」（矢野文雄による）の状態だった。しかし、この間善次郎は、官民合同の事業として政府から左記の創立委員を命じられている。

台湾銀行（明治三〇年一一月）、農工商高等会議（明治三一年二月）、鉄道国有調査会（明治三二年二月）、北海道拓殖銀行（同年五月）、京釜《けいふ》鉄道（三三年二月）、日本興業銀行（同年三月）。

日本最初の近代戦争といえる日清戦争に勝利した政府は、台湾をわが国最初の植民地とし、民政を実施した（明治二九年三月）。そして同地の貨幣制度の統一と産業の開発、南洋諸島との貿易金融を目的とする「台湾銀行」を設立することにした（明治三〇年四月）。このとき善次郎は、設立を準備するために渋沢栄一、大倉喜八郎、高橋是清ら一四名とともに創立委員に任命された（三〇年一〇月二六日）。

明治三一年から鉄道国有化論が盛んになった。それまでは東北本線や山陽本線なども民間の鉄道会社が経営していたのだが、国防上必要な鉄道はすべて政府が買い上げ、国有鉄道にすべきだとの論が上がる。一方、福沢諭吉などは、自由主義経済の原則から「断じていけない」と反論した。しかし、結局政府は「鉄道国有調査会」なるものを設立。大臣や次官、局長、国会議員らに加えて、民間からは善次郎をも同会の会員に任命したのである（三二年二月二八日）。

政府はまた、「北海道の拓殖事業に資金を提供する」という目的で特殊銀行を設立する法律を制定し（明治三二年三月）、株式会社「北海道拓殖銀行」を設立。渋沢、大倉ら二三名とともに善次郎を創立委員に任命した（三二年五月二〇日）。創立総会（六月二六日）では頭取に選ばれた曽根静夫（大蔵省の役人）が、「自分は銀行業には素人なので、安田、大倉両氏が相談役を引受けてほしい」と発言した。そこで善次郎は、大倉喜八郎とともに相談役に就任したのである。

日本興業銀行も、特別な銀行法にもとづいて設立された特殊銀行で、国債や地方債、社債や株券を担保に、長期の工業資金を融資する目的で設立された。このとき、善次郎も設立委員を命じられ（三三年三月三一日）、渋沢、大倉とともに三人の監査役の一人に就任した。

善次郎はまた、海外に進出した日本の鉄道会社の設立にも加担した。それは、朝鮮の京城（ソウル）と釜山を結ぶ京釜《けいふ》鉄道で、軍事行動上の必要性を理由に、日清戦争中、朝鮮からその敷設権を確保していたものである。この鉄道が開業したのは、明治三八年一月である。

明治三五（一九〇二）年、善次郎が六五歳にあたるこの年の四月八日に、彼は初めての海外旅行に出かけた。中国の事業家から融資を申し込まれたため、ひと月ほど現地調査に出かけたのである。結局その取引きは断ったのだが、上海、九江、漢口、武昌などを見て回り、善次郎は中国進出に大いに興味を抱いた。

「大日本帝国皇帝は、忠実勇武なる汝有衆に示す。朕《ちん》、ここに露国に対して戦いを宣す」という日露戦争開戦の詔勅が下るのは、それから二年後のことである（明治三七年二月一〇日）。

東郷平八郎率いる連合艦隊が、日本海でロシアのバルチック艦隊を撃破し、日露戦争の勝利が決定的になってからひと月後、善次郎は釜山、京城、仁川、天津、北京、奉天、大連、旅順などを視察する四〇日にわたる旅行に出かけた（三八年六月二六日）。

戦争が終結して講和条約（ポーツマス条約）[*53]が調印されたのは、彼が帰国してからひと月後のことだが、その一週間後に彼は「満州経営に関する意見書」を大蔵大臣（曽禰《そね》荒助）に提出。そこに次のように書いたうえで、この計画の実現のため、運輸（鉄道）、鉱山（炭鉱）、倉庫、銀行、建築を事業目的とする資本金一～三〇〇〇万円の会社を設立すべきだ、との提案を行ったのである。

「（講和条約の結果）我国に帰したる大連、営口の開放せらるる暁には、慧眼《けいがん》なる欧米の実業家は、彼等の豊富なる経験と低利なる資本を提《さげ》て此等地点に集り来るに相違ありません。然るに如斯《かくのごとき》地方に渡航する本邦人は、多くは一攫千金を期する投機者流か、若《も》しくは無資無業の浮浪の徒でありまして、……此等地点の設備の如きは企て及ばざることであります。故に欧米人の来たらざる（内に）急速全般の計画を立て非《ざ》れば、悔《くい》を後世に遺《のこ》すに至らんかと、窃《ひそか》に憂慮に堪えざる次第であります」

日本銀行の新築工事に責任者を務める

ポーツマス条約によって、日本は大連・長春間の幹線と七支線の鉄道の経営権をロシアから獲得した。この権利の運用を目的として、半官半民の国策会社、資本金二億円の「南満州鉄道株式会社（満鉄）」が設立されることになり、その勅令が翌明治三九年六月八日に公布される。事業内容は、鉄道を中心としているものの、付帯事業として鉱業（炭鉱）、電気、倉庫、不動産などを含《ふく》んでおり、「銀行」を除けば善次郎の前記の計画案にそっくりだった。

同年七月一三日には官界および経済界の全六六人に及ぶ「満鉄設立委員」が発令されたが（委員長は陸軍大将・児玉源太郎[*54]）、善次郎も当然その委員に任命された。

ちなみに、同じ経済界からは次のような人々が設立委員を「仰せつけられ」た。

渋沢栄一、大倉喜八郎、藤田伝三郎（藤田組）、益田孝（三井物産）、早川千吉郎（三井銀行頭取）、浅野総一郎、荘田平五郎（三菱合資会社管事）、鈴木馬左也《まさや》（住友本店総理事）、近藤陸《ろく》三郎（古河鉱業監事）。

一一月二六日の創立総会で初代の満鉄総裁に選ばれたのは、次の役職である東京市長時代に、「彼の為ならいくらでも金を出すつもり」と、善次郎がその人物に惚れ込んだ後藤新平（前台湾総督）だった。

日露戦争後に、韓国において拓殖事業を営む目的で設立されたのが、「東洋拓殖会社」という国策会社である。日韓両国が出資し（韓国側は農地一万町歩の現物出資）、京城（ソウル）の地に設立されたこの会社でも、善次郎は、渋沢栄一らとともに、創立委員に任命された（明治四一年九月一六日）。

善次郎が引受けたさまざまな公職のうちで、日本経済史上きわめて重要だったと思われるものがある。それは日本銀行の創立委員、理事職および建築主管である。

英国のイングランド銀行[*55]のような銀行を日本にも設立しようという動きは、明治一三年頃の危機的経済状況から起こってきた。不換紙幣インフレーションは、銀貨一〇〇円に対して紙幣一五〇円という低落を示しており、内務卿（大臣）から大蔵卿に転じた松方正義は、三条太政大臣に「日本銀行創立の議」を上申（明治一五年三月一日）。正貨兌換の日本銀行券を発行することなどにより、インフレの解消その他を実現することができる、と強調した。

官民折半の一千万円を資本金とする設立は、早くも同年五月初旬には決まり、松方正義は実際の銀行業務に最も経験豊富な善次郎に接触して、何度も会合を重ねて業務の実際に関する事情聴取を行った。

初代総裁に吉原重俊[*56]、副総裁に富田鉄之助が「仰せ付けられ」て日本銀行が開業したのは、この年の一〇月一〇日であるが、善次郎は、三野村利助（三井銀行副長）、外山修三（元第三十三国立銀行総監役）とともに理事を仰せ付けられた。

開業時の行員数は四六名で、五つの局と一三の課に分かれていたが、富田副総裁は文書局長を兼務し、三野村理事は金庫局長を、善次郎は割引・計算・株式の三局長をそれぞれ兼任させられた。そのうえ、「理事、監事は他銀行の役員の兼任を禁ずる」との規定があったので、善次郎は自行である第三国立銀行の頭取を、やむなく辞任させられた。

日本で初めてできた中央銀行の、五局のうち三つの局長を任せられたことは、しかし大変な負担だったに違いない。矢野文雄は「金融界における善次郎氏の勢力範囲が、年を追うて次第に拡張するに従い、諸般の事務、また繁劇を加え、日本銀行の理事を勤続することは、到底不可能となった」と安田の伝記に書いているが、就任二年半ほどで「自家に不得已《やむをえざる》事故出来、何分勤続仕《つかまつり》兼《かね》候に付き」、という理由で辞職願いを提出。善次郎は日銀から一たん手を引いた（明治一七年一二月二六日）。

ところが、なんとその二ヶ月後に、また日銀の割引局長を嘱託される（一八年二月）。さらには、五年も経たないうちに同行の監事に選任され（二二年八月一七日）、以来八年間その任務を引受ける。しかもその監事在任中には「建築事務主管」を嘱託され、現在国の重要文化財に指定されている「日本銀行本店」の、計画から完成までの建築工事最高責任者まで任されていた。総裁が川田小一郎[57]だった時代のことである。

このとき、善次郎のもとで、設計兼工事監督として国立のこの建築物にかかわったのは、帝国大学建築科の教授、辰野金吾[58]だった。それまで日本銀行本店は、J・コンドル[59]が設計した「開拓使物産売捌所」を使っていたのだが、今回の新築は、明治二一年に新築計画が立てられ、コンドルの弟子の辰野金吾に設計が依頼されたのである。辰野はただちに一年をかけて欧米諸国の銀行を視察し、帰国後さらに一年かけて、石造三階建、ベルギー国立銀行に似た外観構成を持つ設計をまとめた。

ところが、起工前に岐阜・愛知両県一帯に大地震が発生した（明治二四年一〇月二八日。死者七二〇〇人）。全壊した家屋が一〇万戸以上もあったので、建築物の耐震対策の必要性が叫ばれ始めた。そこで日銀当局は、善次郎ら新築工事関係者に出張を命じてこの「濃美地震」の視察調査をさせた（一一月八日）。その成果はその後、建築には全く素人の一人の男のアイディアで結実することになる。

明治二五（一八九二）年三月一〇日、定礎式が挙行された。善次郎はこの日のことをいかにも満足げに、こう日記に書いている。

「臨場の列位は、陸軍大将有栖川宮熾仁親王、総理大臣大蔵大臣松方伯、大蔵次官渡辺国武

（その後大蔵大臣を歴任している）、監理官松尾臣善《しげよし》（明治三六～四四年に日銀総裁）、……十一時二十分おわる。……この日は曇天といえども微風もなく、首尾よく式を終り、宮殿下をば自分が始終御案内の役をつとめた」

その三ヶ月後、善次郎のもとに「建築事務主任（会計と雑務）」として高橋是清が就任する。初代の特許局長（今の特許庁長官）にまで昇進しながら、高橋是清はこのとき、官を辞してまでペルーの銀山開発に乗り出したものの大失敗。帰国後やることなすことすべて失敗してどん底の状態にあった。そこで、川田小一郎日銀総裁から「山陽鉄道（現ＪＲ山陽本線）の社長の椅子はどうか」と勧められたにもかかわらず、「いや、一年生から取り立てて下さい」とお願いしたため、前任の石原豊貫《とよぬき》が銀行局第一課長になって空いた席に、年俸一二〇〇円で居させてもらうことになったのである。

その頃工事は一階の石積みにかかっていたが、高橋は、「濃美地震の教訓から二階以上は煉瓦積みに設計変更した」と辰野から聞かされた。そこで川田総裁にそれを報告すると「そんなことは許していない」と大剣幕だった。そこで上司の善次郎と相談して、煉瓦積みの外側に石の板を張るというアイディアを出し、川田と辰野の両方をうまく納得させたのである。

当初は大倉土木組（現大成建設）が工事を請負っていたが、工事の遅れを取戻し、コストを削減するために、高橋は直営工事に切り換えてもいる。日本における最初期のこの本格的様式建築は、しかし日清戦争による停滞もあって、明治二九（一八九六）年二月になってやっと完成したのである。

三月二二日、皇族、大臣、各国公使など朝野の紳士約一八〇〇名を招いての新築落成祝宴会が開かれたが、この準備に委員長として当たったのも善次郎である。

四月一日、日本銀行総裁から善次郎には金盃一組と金一千円が、辰野金吾には金盃一組と金一万円が贈られた。

事務主任だった高橋是清は途中から日銀の下関支店長に抜擢され（明治二六年九月）、副総裁を経て第七代目の総裁になり（四四年六月）、さらに、数度にわたり大蔵大臣にかつぎ出され、総理大臣も務めて（大正一〇年一一月～一一年六月）、世間から「ダルマ宰相」のあだ名で親しまれた。しかし、七回目の蔵相のとき、二・二六事件で暗殺された（昭和一一年二月二六日）。善次郎と似た死に方をしたのである。

是清は善次郎の五周年忌に際して、次のように追憶している（『随想録』、昭和一一年）。

「偉い人がいると思った。安田と私との交情はどんどん深くなった。よく意見を聞き、またどしどし容れてくれた。自来三〇余年、翁が大磯の別墅《べっしょ》に横死するまで、二人の交りは篤《あつ》く長くつづいた」

「あんな努力家は見たことがない。翁は身を粉にして働いた。粒々辛苦の結晶だから金の値打ちをよく知っている。馬鹿な使い方をしない。自然身を持するに勤倹となる」

善次郎が日銀の仕事から完全に足を洗うことができたのは、監事の辞職願いが正式に受理された明治三〇年八月三〇日（竣工から一年半後）のことである。

日露戦争を終らせた安田のひと言

一八〇〇名を招待しての日銀落成祝宴会から一〇日ほど後のこと、善次郎は日銀からの受賞への謝礼の意味で、日銀の重役その他を自宅に招いて花見を兼ねた宴を張った（明治二九年四月初旬）。いかにもきちんとした交際術だが、彼はあらゆる分野の人々とこの種の宴会を重ねていた。その実際は以下に記すとおりである。

明治一九（一八八六）年四月一五日、岡本黄石その他、当時著名な老詩人九名を自邸（本所区横網町、一年少し前に新築）に招いて饗応。余興には狂言なども用意した。

同年五月二〇日、大蔵大臣・松方正義、郷《ごう》事務次官、松尾出納局長など数名を招いて饗宴を催す。

同年六月六日、長州の旧藩主毛利元徳、同夫人、若夫人、女中など八～九名を新宅に招待。野《の》呂松《ろまつ》人形、堅田連《かただれん》の余興など歓を尽して夜一〇時頃まで遊び興じた。

同年六月一九日、松方正義から招かれる。善次郎はこのことを日記にこう記している。

「午後六時より三田の松方候に招かる。相客は武井守正、小林年保《としやす》にて、余興には円朝の昔話、琴曲等にて十一時半退散した。天気晴朗にして、庭園中を逍遥《しょうよう》するに、新樹うっ蒼、池水澄明、清掃の行届きたること、広馬場の結構、花園の美れい等、愉快千万なり」

同年六月二四日、大木喬任《たかとう》元老院議員から招かれ、善次郎は夫人の房子、娘の暉子《てる》、養子の善四郎とともに、巴町《ともえ》の別荘と永田町の本邸で接待を受けた。この日は午後五時から夜中の一時まで大木宅で過ごした。

同年一二月一九日、旧加賀藩主前田家から、深川小田新田の同家控邸における鴨狩りに招待を受け、本人と善四郎のほか、安田一族の善助その他五名がこれに応じて鴨狩りを楽しんだ。朝八時から始めて夕方五時までに四七羽を獲り、堀で釣った鯉や鴨を料理して野立《のだち》の昼食をいただき、猟を終えてから平清《ひらせい》に臨んで夕食の宴を受けた。鴨二七羽、小鴨七羽を持参して八時半に帰宅した。
明治二五（一八九二）年には、このとき総理大臣で公爵になっていた松方正義からの招待（四月六日）と、その返礼として松方本人、夫人、令嬢への招待（四月一七日）。隅田川に屋形船を浮かべた）があった。
明治二六（一八九三）年には、宮内大臣土方久元《ひじかたひさもと》伯爵を自宅で饗応（四月一三日）。副島種臣《そえじまたねおみ》伯爵（前内務大臣）、夫人、令嬢を自宅に招き（翌一四日）、日銀総裁川田小一郎からの招宴に臨んだ（同年五月。このとき、渋沢、大倉、広瀬宰平、三井高保、森村市左衛門等二〇数名の財界人が出席した）。
明治二七（一八九四）年三月、本所区横網町の敷地内に建設中の西洋館が竣工した。善次郎はこの洋館を「成務館」と名づけ、同年四月六日から三〇日まで、一二回に分けて内外の知人を招待して披露宴を張った。招待者を略記すれば次のとおりである。
六日／建築工事関係者
七日／旧藩主前田利同《としあつ》夫妻等
八日／馬術練習場の仲間たち
九日／松方正義夫妻・令嬢等
一一日／本所区の有力者達十数名

一八日／毛利公爵・夫人・新夫人等
一九日／蜂須賀侯爵、渋沢、大倉、益田等十数名
二一日／電燈会社の重役十数名
二四日／深川の米穀・肥料商等十数名
二六日／日本橋区区会議員十数名
二九日／娘・暉《てる》子の先生である跡見花蹊《かけい》と同級の女生徒二〇余名
三〇日／日銀の理事・三野村利助、同行の局長、課長等十数名

以上のような事実から、政治家ともきわめて親密だったことがわかる。しかし、善次郎はむしろ政治家嫌いだった。それは、国会議員に当選しながら辞退してしまったことからもうなづけるが、たとえば、『実業之日本』に寄稿した記事には次のような主張まである（大正六年六月一日号）。

「立身出世をするには、祖先伝来の業務を継承することが最も安全である。あるいは官吏となり、あるいは政治家となることは奇道であって、実業に従事することが正道であらねばならぬ」

「懐徳館書院」

明治27年3月に新築された安田邸「成務館」

善次郎は「政権に媚びず、官憲におもねず」を信条としていて、政治献金も絶対にしなかったという(孫の安田一《はじめ》の話)。

『銀行王安田善次郎』の著者である坂井磊川は、善次郎は、政府がやるべきことは「救貧」でなく、「防貧」の事業で、これが最も緊要だと考えており、前述した済生会への寄付については「自分の大慈悲主義とは一致しない」として積極的でなかったのだ、と説明している。坂井はさらに、善次郎は思想的には左傾しており、「政府の金権擁護、金持偏重、資本家優遇主義は階級闘争の原因になる」、あるいは「一般商工業者の自由を奪い、産業界の発達を妨げている」などと批判していた、と説明している。

そういう姿勢を示していた善次郎に対し、政府の首脳が反感を持っていたかといえば、それは全く違っていた。前述した第百三十銀行（大阪）の件に見るように、安田善次郎に全面的に頼らざるを得なかったからである。

日本とロシアとの国交が危険な状況になった明治三七（一九〇四）年一月一八日、桂太郎内閣の大蔵大臣（曽禰荒助）、同次官（阪谷芳郎）らは、その官邸に金融関係の首脳の松尾臣善（日銀総裁）、早川千吉郎（三井銀行）、豊川良平（三菱銀行）、佐々木勇之助（第一銀行）、池田鎌三（第百銀行）、善次郎らを招いた。席上大蔵次官の阪谷は、「もう戦争するしかないが、日本の五〇倍もあるロシアが相手だから勝敗はわからない。ともあれ、経済財政のことについては大銀行の方々に十分御尽力を願いたい」との話をした。これに対して善次郎は、「今日の情勢はすでに覚悟をしていた。大蔵省のお方も充分腹を決めておやりになるがよろしい。安田家はもちろん、民間の銀行は必ず大蔵省のお指図に従って、応分の力を尽しましょう」と確約した。

開戦後間もなく、総理大臣・桂太郎は、一億円を発行する予定の戦時公債について、最初に善次郎を呼んで相談し、二人で腹案を練っておよその大綱を決めた。渋沢栄一や豊川良平には、いよいよ募集という段階まで何も打明けなかった。

明治三八（一九〇五）年春、沙河《さか》の対陣[*60]の頃は、日本国民は連日の戦勝報道に酔っていたのだが、前線では弾薬も食料も欠乏し、戦局の前途も実は危機的状況にあった。そこで参謀総長の児玉源太郎は、急遽戦地から帰国し、軍費について何らかの成算があるか否かにつき政府首脳と緊急協議を交わした。

成算があるわけがない政府は、善次郎に対して「もう一回四～五千万円の公債を発行したいが引受けてくれるかどうか」と打診した。そのとき善次郎は言下にこう答えた。

「財界はすでに混乱状態にある。四～五千万円はおろか、四～五千円でも難しいです」

この言葉を受けて戦争の継続は無理だと悟った政府は、日露の講和条約を進める決意を固めた。当時の雑誌記者は、このエピソードに「安田翁の一語日露戦争を止めしむ」との見出しをつけた。

45　長崎の出身。オランダ語を学んで幕府の役人になり、通訳として渡欧。岩倉使節団にも随行して帰国後「東京日日新聞」に入り、社長にも就任。桜痴の号で脚本や小説も書いた。

46　ただし、当初の東京市の範囲は日本橋区その他の一五区だけ。品川、渋谷、新宿なども、府内ではあるが市外だった。府知事と市長は兼任だった。

47 仙台藩士の家に生まれた官吏、実業家。政府留学生としてアメリカで経済学を学び、外交官として米・英で勤務。帰国後大蔵省から日銀入りし、総裁にも就任した。富士紡績の社長にもなった。

48 明治22年発布の大日本帝国憲法にもとづき、立法機関としての帝国議会が誕生した。議会は皇族・華族・勅任（天皇の命令による）議員による貴族院と、公選議員からなる衆議院の二院で構成された。その一回目の選挙のこと。

49 実業家としては、東京商業会議所副会頭、帝国商業銀行・帝国海上保険・東京建物の各監査役を歴任し、政治家としては区会議員と衆議院議員（第三期）に当選している。

50 岡山県出身の弁護士、政治家。開成学校（東大）からコロンビア大学に留学し、帰国後弁護士、外務省の局長、帝大教授を経て衆議院議員に当選（第二期）。以後九回当選し、議長にもなり、早大総長にもなった。

51 国立銀行条例の改正以降、金禄公債の売買が激増した。そこで、公債の取引を目的に政府が設立した日本で最初の証券取引所。

52 今もある歴史的ホテル。大正時代に新築した建物は、取壊されたが、F・L・ライトが設計して有名になった。

53 アメリカのポーツマスで調印され、日本は、①韓国に対する支配権、②中国東北、遼東半島の租借権、③

54 樺太（からふと）の南半分の領有権を獲得した。
山口県出身の陸軍軍人。台湾が日本の植民地になった時に台湾総督に就任し、陸軍大臣になり、日露戦争では満州軍総参謀長として、旅順要塞攻略作戦を指揮した。

55 一六九四年に設立された世界最古の中央銀行。銀行券の発行と一般銀行業務と国庫事務とを扱った。しかし、国有化は一九四六年で、以前は株式会社だった。

56 薩摩藩士の家に生まれ、幕末に米国に留学。帰国後外務省入りして大蔵省へ。大蔵次官のまま日本銀行創立に関与し、初代の総裁を引受けた。しかし、在職中四三歳で没した。

57 吉原の死で富田副総裁が第二代総裁に就いたが、松方正義と衝突して辞任した。そのあと釜に坐ったのがこの人。岩崎弥太郎に協力して「三菱」の基礎をつくり、日銀でも「傑出した大総裁」といわれた。

58 佐賀県の唐津藩士の家に生まれ、工部大学校でコンドルに学び、第一回造家学科生として卒業。同校の教授になって多くの建築家を育てた。また、自らもすぐれた建築を数多く設計した。

59 明治政府のお雇い外国人の一人。工部大学校（東大工学部）の造家（建築）学科の初代教師で、多くの日本人建築家を育成したイギリス人。

60 太子河に注ぐ支流の沙河と南北を走る鉄道が交差する付近で、当時ロシア軍と日本軍は戦闘を交えていた。しかし、ロシア軍は五万人弱、日本軍も二万人弱の死傷者を出し、双方とも余力がなくて、この時点で膠着状態に陥っていた。

第一〇章

安田保善社——善次郎がやり残したこと

「善」の文字がファミリーの証

善次郎夫妻に第一子の照子が生まれたのは結婚の翌年だった。しかし、次の年には夭折してしまった。しかも妻は次の子を産める体ではないことが判明した。そこで二人は相談し、慶三郎なる男児を養子に取ったのだが、その子も三歳で夭折した。明治二年三月、善次郎が三二歳のときである。

同じ年、最初の独立前に半年間仮寓し、その後も再々のピンチを救ってくれた唐物商・矢島嘉兵衛の恩義に報いるため、今度は矢島の二人の娘、津留（鶴子）とウメを養女として引取った。また、同じ頃、善次郎は妹の清子《せいこ》の結婚相手に河上房太郎なる若者を選び、彼を父・善悦の婿養子にして、自分の若い頃の名前「忠兵衛」を譲ったうえ、安田商店に雇い入れた（明治二年七月）。後に忠兵衛は、第三国立銀行の発起人、安田銀行の初代取締役、合名会社時代の同行の頭取などを務め、善次郎の片腕の役を果たすことになる。

安田商店で使っていた丁稚小僧に堀川卯之吉という男がいたが、善次郎は彼を、矢島家から養女に引取った前述の津留に婿入りさせ、安田卯之吉という名の養子として入籍させた（明治八年九月）。さらに、同じ丁稚小僧の卯之吉の兄・長吉にも、もう一人の養女であるウメ（津留の妹）の婿になってもらい、安田長吉という名で同じく養子に入籍させた。

安田銀行の創立時（明治一三年）には、安田卯之吉は出資額五万円の株主として、安田長吉は一万円の株主として、名を連ねている。

そして卯之吉はこのとき頭取を任され、その後も第三国立銀行（二代）や明治商業銀行（初代）の頭取、共済生命保険の初代社長など、常に重要ポストを任されたのである。

善次郎はさらに、この二人の名前を、卯之吉の方は「善四郎」（初代）、長吉の方は「善助」（初代）と改名。「善」という共通の字を名前に持つ安田一族に加えた。この改名の時期を調べると、「安田保善社」が創立されたとき（明治二〇年七月）らしいことがわかる。四章で述べたように、「安田保善社」とは、安田銀行の資本金を安田家の「一類一同に分割してその管保を委託し、その管保者の団結を図る」目的で、善次郎が設けた組織である。

初代安田善四郎。旧名堀川卯之吉（『安田生命123年史』から）

「保善社規約」の「第一六条・安田家の一類を左の三種に分つ」の中に発見できる「善四郎」の家格は、善次郎や忠兵衛とともに「一、同家」に、「善助」は、善次郎の妹の安田ブン（文子）とともに「二、分家」に分類されている。

「保善社規約」の第二条は「この社の社員は安田銀行の株主にして安田家一類血統の者に限るべし」だが、最も近い血統とは血のつながった親子に違いない。妻との間に子供はできないと悟った善次郎は、彼女の了解を得て妾《めかけ》を持つことにした。養子の慶三郎まで夭折してがっくりしていた（明治二年）三二歳の頃のことである。その対策は大成功して第二夫人ともいうべき妾のフデ（筆子）との間に、善次郎は六人の実子を持つことができた（生まれたのは明治八年から二一年まで。四男は五一歳のときの子）。テル（暉子、次女）、善之助（長男。のち二代善次郎）、ミネ（峰子、三女）、真之助（次男）、善五郎（三男）、善雄《よし》（四男）である。ただし、真之助は夭折している。

この現実にもとづいて、善次郎は、「保善社規約」の第二三条に「社中本妻あるものには妾を置くことを禁ず。但し、戸主にして満四〇年に至るも嫡子なき時は、総長（善次郎）の承認を得て妾を聘することを得」と定めた。これで実子の男子三人と女子二人の結婚相手を、経営陣に加える見通しが立ったのである。しかし、子供たちが成人するのはかなり先のことで、急成長し拡大する事業を一族だけで経営するには間に合わない。善次郎は、妹ツネの配偶者だった太田弥五郎を引っぱり込み、「保善社」の発足とともに彼を安田家の「類家」に入れ（明治二〇年）、安田銀行の取締役にし（二五年）、安田商事合名会社の出資社員に任じ（三二年）、水戸鉄道の社長に送り込んだ（四〇年）。そして最終的には彼を安田弥五郎と改名させた。

弥五郎の次男・孝次郎も初代安田善助（旧名堀川長吉）の養子に入籍させて安田善助と改名させた（二代）。彼は安田保善社の「分家」の一員として、安田家の事業に実父以上の活躍をした。

二代善助の主な役職は次のとおりである。

明治二七年／共済生命保険合資会社出資社員
明治二九年／金城貯蓄銀行頭取
明治三六年／肥後銀行頭取（大正一二年まで）
大正六年／小湊鉄道社長
大正八年／合名会社保善社理事
大正一二年／株式会社安田商事社長

明治三〇年代から、安田家の事業に重役として名前が浮上する人物に藤田善兵衛がいる。安田銀行を合名会社にして、安田家の事業を整理する必要から「安田商事合名会社」を設立した直後、善次郎は「保善社」の規約を改正するが（明治三三年七月）、このとき、保善社社員の「家格」

と「氏名」の中に「類家・藤田善兵衛」が登場してくる。彼は、善次郎の妹ブン（文子）の次男で、善次郎の妻の姉の実家（藤田弥兵衛家）に相続人として入籍した人である。

元の名前は定次郎だが、安田商事が発足したときに「藤田善兵衛」として出資社員に名を連ね（明治三二年）、合名会社安田銀行の出資社員に加わり（三三年）、水戸鉄道や京浜電気鉄道の取締役に就任している（四四年）。戸籍上どんな手続きがあったのかは不明だが、これ以降、彼の名前は安田善兵衛に改められている。

大正期に入ると、関西貯蓄銀行頭取（大正九年）、帝国商業銀行会長、大合同して発足した安田銀行監査役、四国銀行頭取（いずれも一二年）、安田保善社の理事（一五年）などに就任している。

明治三〇年代に入って次女のテル（暉子）が婚期を迎えたとき、その下に男の子が三人いるにもかかわらず、善次郎は、帝国大学法科卒で第三銀行に勤務中の伊臣《いとみ》貞太郎（元宇和島藩士伊臣忠一の長男）をテルの婿にして安田家に入れた。明治三〇年三月、テル二二歳、善次郎六〇歳のときのことである。入籍後に改名をして安田善三郎となった二七歳のこのエリートサラリーマンは、設立したばかりの深川製釘所の所長を命じられ（三〇年一一月）、規約の改正で新設された安田保善社の「副総長」まで任される（三三年七月）。この椅子は、安田関係会社のことをすべて「監督指揮する」ポジションだった。善次郎は、保善社の規約に「社中の戸主は……多病にして執務に堪えざるか極老七十年以上に至るまでは、退隠すべからず」と規定しており、自身も七〇歳で引退するつもりだった。そこで学歴否定論者だった善次郎も、自分の万一の場合にそなえて、善三郎を後見人に立て、未だ成年に達しない（明治三〇年で長男善之助は一九歳）息子たちに代る役目を果たしてもらいたい。そう思ったのではないだろうか。

善三郎は、たとえば次の銀行の頭取や会社の社長に就任している。

百三十銀行（明治三七年）
高知銀行（四〇年）
信濃銀行（四二年）
大垣共立銀行（岐阜。四二年）
正隆銀行（支那。四四年）
十七銀行（福岡。四五年）
帝国製麻（四〇年）
熊本電気（四二年）
京浜電気鉄道（大正七年）

●安田保善社の社員の変遷

明治20（1887）年		
家格	氏名	善次郎との関係など
同家	安田善次郎	本人
同家	安田善四郎（初代）	養子。元堀川卯之吉
同家	安田善之助	長男
同家	安田真之助	次男
同家	安田三郎彦	三男（のちに善五郎）
同家	安田忠兵衛	妹清子の婿
分家	安田文子（ブン）	妹
分家	安田善助（初代）	養子。元堀川長吉
類家	太田弥五郎	妹ツネの夫
類家	藤田袖子	夫人の姉

大正8（1919）年		
家格	氏名	善次郎との関係など
同家	安田善三郎	次女テルの婿
同家	安田善四郎（二代）	三女ミネの婿
同家	安田善之助	長男
同家	安田善五郎	三男
同家	安田善雄	四男
同家	安田善衛	妹清子の次男
分家	安田善助（二代）	妹ツネの次男で初代善助の養子
分家	安田彦太郎	妹ブンの孫
分家	安田一雄	妹清子の孫
類家	安田善兵衛	夫人の姉の養子（旧姓藤田）
類家	安田善造（為三）	妹ツネの三女の婿
類家	安田善弥（二代）	妹清子の三男

明治33（1900）年		
家格	氏名	善次郎との関係など
同家	安田善次郎	本人
同家	安田善四郎（二代）	初代の長男で三女の婿
同家	安田善之助	長男
同家	安田善五郎	三男
同家	安田善雄	四男
同家	安田善衛	甥（妹清子の次男）
分家	安田善彦	甥（妹ブンの長男）
分家	安田善助（二代）	妹ツネの次男で初代善助の養子
分家	安田善八郎（初代）	妹清子の長女の婿
類家	太田弥五郎	妹ツネの夫
類家	藤田善兵衛	妹ブンの次男で夫人の姉の養子
類家	安田善弥（初代）	妹ツネの長男で妹清子の養子

銀行のトップを安田家で固める

しかし善次郎は、後継者としてはトップの位置にある長男の善之助を、善三郎が入籍する四年も前に合資会社安田銀行の取締役に据えた（明治二六年七月）。このとき善之助はまだ一五歳だったが、その後頭取の安田忠兵衛が死去したため、一八歳で後任頭取の椅子を与えた（二九年四月）。もっとも、実質的に頭取の仕事を処理していたのは善次郎自身なので、長男を単にその地位に付けただけといえる。

その下の兄弟についても同様のことがいえる。

三男の善五郎（明治一九年生まれ）は、一四歳で安田商事合名会社の出資社員に名を連ね（明治三二年）、二五歳で根室銀行の頭取に（四三年）、三四歳で安田銀行の頭取に（大正八年）就任している。

四男の善雄（明治二一年生まれ）はさらに早期に経営スタッフとなっている。一二歳で安田商事の出資社員、二三歳で桂川電力の取締役、三三歳で東洋火災の社長、三五歳で安田商事の社長に就任しているのである。父親から命じられるままトップの椅子に座っていたのである。

もう一人の実子に三女のミネ（明治一四年生まれ）がいるが、彼女は、安田一族の一人で、きわめて近い家の後継ぎ息子と結婚した。安田善四郎（旧姓堀川卯之吉）の長男、二代安田善四郎である。初代善四郎は安田家の主要な事業のトップを歴任したが、惜しいことに若くして病没した（明治三〇年一一月）。存命中は善次郎にとっては養子の一人であり、『保善社』における格付けも善次郎家に次ぐもので「同家」に位置づけられていた。善次郎の娘婿の二代善四郎も家格は「同家」だった。

二代安田善四郎は、明治四〇年代から長期にわたり安田銀行や安田商事の取締役を務め、大正期に入ってからは「合名会社保善社」の理事として活躍したほか、第三、明治商業、京都、二十二（岡山）、根室、日本昼夜（東京）、富山の各銀行の頭取に就任。昭和の時代に入っても、その死まで（昭和一二年）、保善社の理事を務めていた。

この二代善四郎や善次郎の息子たちもふくむ、六人の「同家」の中に、安田善衛という人物も入っている。彼は善次郎の妹・清子とその婿の安田忠兵衛の次男で、明治二九年に亡くなった父親の跡を継ぎ、同族の一人になったのである。

善衛は、安田商事の設立時に出資社員となり（明治三二年）、群馬商業銀行の設立に際しても頭取を務め（三三年）、救済した京都銀行を安田系列に編入した折にはその頭取の役割を果たし、（三五年）、安田商事の株式会社化に伴ってはその社長に就任した（四五年）。

安田忠兵衛・清子夫妻は、そのうえ長女の千世に婿を取って安田善八郎に改名させ、安田家の事業に参加させている。善八郎は、岡山の二十二銀行が救済によって安田系列に編入されたとき

（明治三四年）頭取として派遣され、その後は肥後銀行や大垣共立銀行、熊本電灯の取締役などに就任した。

この善八郎夫妻には長男の一男と次男の次郎がいたが、一男は明治四四年に安田銀行の株式会社化とともにその株主になり、大正八年には父・善八郎が死去していた関係で保善社の社員に名を連ねた。しかし、その一男もまもなく他界したことから弟の次郎がこれに代って保善社の社員となり、そのうえ父親を襲名して二代善八郎にもなっている（昭和六年）。この人は保善社の解散時まで、同社の社員として在籍していた。

善次郎の妹である清子と婿の忠兵衛の家は、以上のように二人の実子のみならず、清子の姉ツネの長男を養子にもらい受け、幼名を善弥《ぜんや》に改名して安田家の事業に参加させた。善弥は、安田商事合名会社の設立時（明治三二年）に、義兄弟の善衛や善八郎（初代）とともに出資社員の一人になっている。この夫婦はさらに、三男の兵三郎を改名して二代安田善弥に改め、養子の初代善弥の跡を継がせている。

つまり忠兵衛亡きあとのこの家から、安田善衛家、安田善八郎家、安田善弥家という三つの家ができて、それから安田保善社の社員になり、安田同族会のメンバーに名を連ねたのである。

清子の姉のツネ（常子）と安田（旧姓太田）弥五郎の夫婦は、男の子二人、女の子三人をもうけたが、長男の善弥は安田忠兵衛家へ、次男の孝次郎は安田善助家へ養子に出してしまった。

そのためかどうかわからないが、三女ハツの婿にした安田為三を、この夫婦は安田家の事業に誘い込んでいる。

その為三は、株式会社安田銀行の発足時（明治四四年）には株主の一人に加わり、翌年一月に保善社が合名会社になったときには、社員に加わって安田家の「同族」に名を連ね、三年後には為三を善《ぜん》造と改名して（大正四年）「類家」として、安田家の事業の発展に尽くしている。

善次郎の長男・安田善之助。二代善次郎でもある（『安田保善社とその関係事業史』から）

善次郎のもう一人の妹であるブン（文子）は井上兵蔵と結婚したが、二人の間に生まれた長男の菊太郎もまた、成人すると善彦《ぜんひこ》と改名して安田一族の経営スタッフに加わっている。

彼は、明治二三年に安田系列下に入った第八十四国立銀行（石川県大聖寺）の取締役になり、金城銀行の初代頭取にも就任（明治二九年）。安田一族中の家格としても「分家」に位置づけられていた（明治三三年から）。なお、善彦の長男も同様に保善社の社員になったが、「善」のつく名前には改名せず、安田彦太郎のまま、安田家の事業に参画した（明治四五年に安田銀行が株式会社化されたときに株主の一人に加わった）。そして、保善社が解散するまでその社員だった。

さらにまた、この家は前述したように次男の定次郎を善次郎の妻の姉の家（藤田家）に養子入りさせ、結局安田家の事業の有力スタッフにさせたのである。

明治二〇（一八八七）年七月に設立された「私盟組織・保善社」の規約には、前述のように、その第二条に「この社の社員は安田銀行の株主にして安田家一類血統の者に限るべし」とあり、第一六条に「安田家の一類を左の三種に分つ。第一節・同家、第二節・分家、第三節・類家」と規定してある。

そして、「自家に嫡子なきときは、一類中または血統の内より相当の者を養子と為すべし」（二一条）や、「相当の養子なきときは女子をもって名義相続すべし。また男女とも養子を為すべきものなきため、一家絶命に及ぶときは、縁故近き一類中に併家為し置き、後日社中相談の上相当の者を見立て再興為すものとす」（二二条）とまで定めてあった。善次郎は「安田家一類血統」の固い結束を要請していたのである。

保善社の規約はその後何度か改訂され、構成員である「社員」にも変遷があるが、その家格と姓名と善次郎との続柄とを、明治二〇年、同三二年、大正八年の各時点について書き出してみる。家系図も参考にして安田一族の概要を読み取ってほしい。

善次郎はまた、安田家一類にたとえば「同家」には桐栖舎《きりのや》、松栖舎、梅栖舎、竹栖舎、「分家」には葵舎、糸巻舎、「類家」には瓢舎、桔梗舎といったしゃれた名前をつけた。安田一族の間では今日でもこの呼称が通用している。

善次郎の三男・安田善五郎（『富士銀行百年史』から）

社中に「六歳以下の教育禁止令」を出す

そもそも私盟組織・保善社が設立されたとき（明治二〇年）、五〇歳の善次郎は安田家の財産を同族が永久に持ちつづけ、その繁栄を持続することを目指していた。安田銀行の資本金はそれまで二〇万円で、同族九名の名義になっていたが、このとき増資して一〇〇万円とし、これを保善社の基金と定めることにした。そして、五〇万円は善次郎の名義として、その配当金を保善社の積立金に保留して利殖を図り、残り五〇万円を同族一〇家に分割保管させ、その配当金は、各家が生活費として自由に使うことにしたのである。

保善社は同年七月一日に創立されたが、安田銀行の増資は八月二日付になっている。増資資金八〇万円は善次郎の銀行預金を振替えてこれを株金とし、従来九名の株主は一名増えて同族一〇家が名義人になった。

善次郎が数年をかけて構想を練ったという保善社の内容は、全部で六六条あるきわめてユニークな原始規約に言い尽されている。その中の「第三章・相続法及び家法」から、興味深い条文だけ選びだしてみる。

「社中本妻あるものは妾を置く事を禁ず」(一二三条。「四〇歳以上で嫡出子がない場合は別」としてある)

「男子は二五年以上女子は二〇年以上に至り婚姻を行うべし。早婚は衛生上大害あればなり」(一二四条)

「社中は仏法に帰依して祖先以来の霊に対し怠慢なく法会を営むべし。依て墓所は社中各家

共々一ヶ所に定め置き、以後散乱を為さざるを要す」（二八条）
「社中は国法を遵奉し、父母を大切に敬い、子弟を愛育し、雇人を隣み、常に善行を専らに心がけ、篤実堅固に世上の交際を為すべし。必ず軽薄の処行あるべからず」（二九条）
「社中に於ては、他人はもちろん、一類親類縁者等より依頼を受け、金銀貸借の保証人、諸約定証書等の保証人または雇人受状等人身保証の調印は堅く禁ず」（三五条）

二代安田善四郎。初代の長男で善次郎の三女ミネの婿（『安田生命123年史』から）

「男女共小児満六ヶ年以下は何事も学ばしむべからず。人生体育の法肝要なればなり。ただし、満五ヶ年より幼稚園に入行せしむるはこの限りにあらず」（三六条）
「男児は満六年より公共小学に入校為し、卒業の上にて商業学校に通学為さしめ、満十七年にして実業に就かしむべし」（三七条）

「女児は満六年より公立小学に入校為し、卒業の上にて社中または親類縁者の中に寄宿依頼して女子に必要のことを学ばしむべし。遊芸になるたけ為さざるを可とす。ただし、預け先の家政堅固なるを選み、預け期間は三年間より少なからず、五年間より多からざるべし」(三八条)

「社中の男子は、なるべく安田銀行ならびに付従の商店または同行の関係ある銀行会社に従事なさしむべし。もし余儀なき場合から他の営業に従事なさしめんと欲するときは、総長の認可を得て着手するものとす」(三九条)

明治三二(一八九九)年六月一日、銀行と保険を除く安田家の事業を統合するために「安田商事合名会社」が設立された。それに伴って、一族の各社員が分割保管すべき財産(「活動財産」と称した)に、安田商事の資本金が加えられたので、保善社の規約が改正された(明治三三年七月一日)。このとき、規約中の「役員」の条項も大幅に改正され、保善社の「一切のことを総理する」総長のほかに「一切の事務を担当し、関係銀行および会社の事務を監督指揮する」副総長が置かれることになったのである。そして、総長代行の事務次官的地位であるその新副総長に、総長である安田善次郎は、次女・暉子の婿、つまり自分の養子として安田家に入籍させてまもなくの、安田善三郎を任命したのである。

東京帝国大学法科大学出身の善三郎は、安田グループ企業にも大学卒業者を採用するべきだと考えていた。しかし、当時は大卒者は極めて少なく、総長の善次郎も反対の意向を示していたため、善三郎と縁故のある帝大卒業者をほんのわずか採用しただけだった。そこで善三郎は、「練習生制度」を構想し、明治四〇年四月にこれを実現させた。

それは、中学校（現在の高等学校に当たる）の卒業者を対象に一年間訓育する制度で、第一回の採用試験には二〇名の募集に対し三〇倍もの応募があった。合格者はまず、全員本所横網町の安田邸寄宿舎に収容され、昼間は安田、第三の両銀行で実務を修得し、夜は寄宿舎で国語、英語、珠算、習字、法律などの授業を受けた。そして、一年後に両銀行などに配属された。その費用の一切は保善社が負担し、そのうえ若丁の給料も支払った。

大正八年の第一三期修了生までこの制度は継続したが、その間総数三三七名の練習生は、安田銀行に一九六名、第三銀行に一三八名、保善社に二名、安田商事に一名配属され、その後それぞれ中堅幹部として活躍した。

明治四二（一九〇九）年一月、満七〇歳を過ぎていた善次郎は引退を表明し、安田銀行の監督を善三郎（この年満三八歳）に譲って顧問の地位に退いた。このとき頭取は長男の善之助、取締役は三女・峰子の婿の二代善四郎と妹・清子の次男・善衛だった。

しかし、引退を表明したとはいえ、善次郎は保善社の総長ではあったし、「表面の動きは致さぬにしても、必要な場合には意見を述べる。また、健康なうちは何かと働くつもりである」と、監督辞任後に語っていた（自著『富之礎』）。

明治四五（一九一二）年一月、それまで法律上の根拠がなかった私盟組織の保善社を、善次郎は「合名会社保善社」に変更。同時に安田銀行と安田商事を株式会社にして、この三社を一斉に再発足させた。これにより、法的資格を持った保善社を頂点とし、銀行と商事が両翼となり、その下に傘下の行社が位置するピラミッド状の体系が完成されたのである。「三井」が銀行・物産・鉱山の三合名会社を株式会社に改組し、「元方」と同族会を「三井合名会社」に転換して、各事業を統轄する本社機関にしたのは、二年前のことである。

翌大正二（一九一三）年一〇月、合名会社保善社副総長の安田善三郎は、安田家の家督を相続した。安田家とその事業を代表する地位に就いたのである。財界人としての活動も目立ちはじめ、東京商業会議所の特別議員にもなった。大正三（一九一四）年三月には貴族院議員にも選ばれた（一四年九月まで在籍）。

『実業之日本』（大正六年四月一日号）の「当代実業家養子物語」なる評判記は、安田善三郎のエピソードを次のように紹介している。

「その年卒業したばかりの法学士が、丁稚あがりの店員ばかりの銀行に入ってきたのだから、少なからず人目を惹いた。法学士という肩書きばかりでなく、眉目秀麗なことで人目を惹いた。善三郎氏は今年四八歳だが、今でも顔がツヤツヤして男に惜しいほど色が白く、隆鼻明眸、朱唇《しん》皓歯、漆のごとき髪を程よく二つに分け、髭を生やして悠然と構えた所はあっぱれ貴公子で、どこへ出しても一歩も退けを取らぬ立派なものである」

「(入行したばかりの頃は)今よりもズンと男が引立ち、道行く乙女も恥かしげに振り返って見る程であった。……(善次郎の次女の)暉子さんも、なるほどいい男だ、殿御に持つならあのような人をと、胸とどろき、気は遠くなったようになり、しまいにはドッと床について食事も進まなくなるほどの恋に落ちた」

「当時安田翁には三人の実子があったが、皆まだ幼少なので、さし当り跡取りになることはできない。そこで長子の暉子さんに養子を迎える必要が起きた。ところへ、あたかも暉子さんから切なる願いが出たので、翁は願ったり叶ったり、とかくの難しいことは抜きに、早速粋なさばきをして思いをとげさせてやったのである」

●大正10年末における保善社の関係銀行・会社（『安田保善社とその関係事業史』による）

銀行	保険
安田（東京）	共済生命（東京）
第三（東京）	帝国海上火災（東京）
明治商業（東京）	東京火災（東京）
肥後（熊本）	東洋火災（東京）
京都（京都）	鉄道
日本商業（神戸）	京浜鉄道（川崎）
百三十（大阪）	水戸鉄道（水戸）
二十二（岡山）	中国鉄道（岡山）
十七（福岡）	小湊鉄道（千葉）
第九十八（千葉）	建物
根室（根室）	東京建物（東京）
高知（高知）	満州興業（鞍山）
信濃（長野）	興亜起業（東京）
大垣共立（大垣）	製造
正隆（大連）	安田商事（東京）
第三十六（八王子）	帝国製麻（東京）
関西貯蓄（徳島）	満州繊維（奉天）
安田貯蓄（東京）	台湾製麻（台湾）
栃木伊藤（栃木）	電気・ガス
神奈川（横浜）	桂川電力（東京）
	群馬電力（東京）
	秋田電気（秋田）
	熊本電気（熊本）
	秋田瓦斯（秋田）

（カッコ内は本社所在地）

●合併直前直後の直系銀行の実勢（大正12年11月、金額単位千円）

行名	公称資本金	預金	貸出金	頭取名	合併直後の店舗数
保善	20,000	—	—	安田善次郎（二代）	—
安田	25,000	142,296	175,038	安田善五郎	21
第三	30,000	131,678	120,125	安田善四郎	20
明治商業	10,000	74,582	64,503	安田善四郎	22
信濃	7,000	15,436	27,040	安田善衛	15
京都	5,000	18,265	16,693	安田善四郎	5
百三十	20,000	96,959	92,379	安田善五郎	53
日本商業	10,000	33,864	32,877	安田善五郎	13
二十二	7,800	32,966	25,334	安田善四郎	23
肥後	10,000	26,287	35,163	安田善助	19
根室	5,000	9,097	12,384	安田善四郎	19
神奈川	200	11	3,201	欠員	0
合計	150,000	581,441	604,737		
(新)安田	150,000	542,876	547,397	安田善次郎	210

（『安田保善社とその関係事業史』による）

八二歳で現場復帰――安田王国の未来は？

この記事は善三郎のことを「財界で五本の指に入る人物」とも誉めている。しかしそれから二年後、この人物にからんで、安田家にお家騒動が発生した。

大正八（一九一九）年七月一日、保善社社員総会は副総長制を廃止した。それは、副総長の善三郎を解任したことを意味した。社員総会は新たに理事制を設け、善之助（長男）、二代善四郎（三女峰子の夫）、善衛（妹清子の息子）、二代善助（妹ツネの次男で初代善助の養子）の四名を選任した。この日にはまた、安田家家憲が制定され、それまで保善社の規約に定められていた「一族および家格」の章は、家憲の第二章に移項されたのだが、これによれば、安田善三郎はまだ「同家」のトップに位置づけられていた。

しかし、保善社の社員たちはさらに善三郎が保善社社員を離脱することを求めた。理由は、彼の素行によるもので、社交上のためとはいえ次第に奢侈に流れるようになり、勤倹質素を信条とする安田家の家風に合わなくなったこと、事業経営の面でも総長の善次郎を差しおいて独断専行に出、同族との和合や意志の疎通を欠くに至ったこと、などにあった。八二歳の老翁善次郎は、安田家の将来を考えて、やむを得ず離脱を決断したとされる。

この問題はしかし、かなり長期にわたるトラブルになり、大倉喜八郎、石黒忠悳、和田豊治、大橋新太郎等がその調停に動いたものの功を奏さず、一年半近く解決を見なかった。双方の了解が成立して善三郎が正式に安田一門から離脱したのは、翌大正九（一九二〇）年一二月二八日である。善三郎はすでに安田家の当主だったため、彼の地位はそのままとし、善次郎夫妻が別に一家を起こしてこれを安田家の宗家とするという法規上の手続きも取られた。

雑誌社の取材に対して大倉喜八郎は、この件をこう話している（『実業之世界』大正一〇年三月号）。

「善三郎君はスッカリ安田家と関係がなくなった。その代り金と家とをもらった。二百万円（現在の百億円ほど）……ナニ少ない？、そりゃ安田のお爺さんケチですからね。法律上から見たらどうか知らないが、実際からいうと、金をもらって安田家から出て、これで一段落がついたというものですよ」

善三郎家が離脱してから三十数年後、善次郎の曽孫で学習院大学に入学したばかりの安田弘（現安田学園理事長）は、面識のない女子学生から「あなた安田さんでしょ。私はあなたの親戚なのよ」と、学内で突如声をかけられた。二人は善次郎の曽孫同士だと彼女は説明した。

実は彼女こそ、善三郎夫妻の四女・磯子と小野英輔（東京銀行ニューヨーク支店長・常務などを務めた）夫妻の長女であり、後年ビートルズのジョン・レノンと結婚する小野洋子（オノ・ヨーコ）だった。

副総長を解任した大正八年七月の時点から、善次郎は再び安田家の事業の陣頭指揮を取ることになった。矢野文雄によれば、それまでも、重要事項は「ことごとく皆善次郎の意中より出て、善三郎氏はただ表面その名代を務め、父の代人として社交場裡に出入りせし姿なりし故、事の大体に至っては何の変化なし」なのであった。

実際、再指揮後の善次郎は、暗殺に至るまでの二年二ヶ月間に次の実績を残している。

大正八年（八二歳）／　保善社の定款改訂。「保善社処務規程」制定。興亜起業株式会社（満州）設立。

大正九年（八三歳）／　金城貯蓄銀行（金沢）を安田貯蓄銀行と改称し、本店を東京に移す。片倉製糸紡績の設立に参加。小湊鉄道の援助・編入。関西貯蓄銀行の救済・編入。東洋火災海上保険の設立・編入。

大正一〇年（八四歳）／　東京市長後藤新平による「東京市政調査会」の設立と東京都市計画案（八億円計画）に賛同し、寄付を約束。東京帝国大学に講堂の寄付を申し出る。神奈川銀行を救済・編入。横荘《よこしょう》鉄道（秋田県の横手と本荘を結ぶ鉄道。現在はＪＲ）の株式の引受け。基金三〇〇万円で「財団法人安田修徳会」を設立。

善次郎が急逝した翌日（大正一〇年九月二九日）、保善社の臨時社員総会は、長男の善之助を後任総長に選任した。新総長は同年一一月一一日に善次郎を襲名したが、部外から優秀で強力な新指導者を迎える必要を感じた社員たちは、大蔵大臣になっていた高橋是清に人物の推薦を依頼し、結局、日本銀行理事兼大阪支店長の結城豊太郎（当時四五歳）を、新設した専務理事兼支配人に迎えることにした（同年一二月一三日）。彼はまた、安田銀行の副頭取にも就任した（同月一七日）。

大正10年12月に保善社の専務理事に就任した結城豊太郎
（『富士銀行百年史』から）

　こうして、安田グループの本社ともいえる「保善社」は、安田家の部外者が実質的に運営の主導権を握ることになった。この時点における保善社の関係銀行および会社は、二七六ページの表に挙げた四〇社である。

結城豊太郎新専務理事は、関係行社職員の海外視察制を実施し（大正一一年一一月から）、大学や専門学校の卒業生の大量採用を断行（一二年四月には、東京帝国大学から四七名が入社した）。また金融資本集中化時代に対処して、安田、第三、百三十など関係一一銀行の「安田銀行」への大合同を実施した（一二年一一月）。北海道（根室銀行）から九州の熊本（肥後銀行）まで全国をカバーしていた一一の銀行は、かくて二一〇の支店を擁する安田銀行（富士銀行の前身）に統一された。そしてこの時点では、安田銀行は払込資本金、積立金、預金、貸出金のどのデータにおいても、三井、三菱、住友、第一の大手銀行より上位だった。貸出し金額に至っては、五大銀行の総額の実に四一%を占めるほど飛びぬけていた。

大正一四（一九二五）年三月、保善社は「安田保善社」と改称された。「安田」の二字を冠することにより、安田系企業集団の統轄機関であることを明瞭にして、「安田」の旗幟を鮮明にしたのである。

だがその四年後、結城専務理事は在任七年四ヶ月で安田保善社を去った（昭和四年三月）。体制の改革を次々と進め、数多くの成果を挙げたとはいえ、「専横」と批判されるほどの独裁制が他の幹部の反感を買い、進退を迫られたからである。結城は一年数ヶ月浪人したあと、日本興業銀行総裁に就任した（昭和五年九月）。

結城の後任には、高橋是清の推挙で元台湾銀行頭取の森広蔵が就任した。森にはまた安田銀行の副頭取の椅子も与えられた。しかし、このとき専務理事の役職はなく、森は単に「理事」として迎えられたにすぎない。同時に当時大蔵大臣だった高橋も顧問に嘱託され、元商工省次官の四条隆英《たかふさ》*61が理事の一人に就任した。これで、安田一族の善四郎（二代）、善五郎、善兵衛、善助（二代）と、子飼いの番頭である竹内悌三郎を加えた七人の理事が、合議制によって安田保善社を運営していくことになった。総長はそのまま二代善次郎が就任した。

この年（昭和四年）の『中央公論』に、経済アナリストの高橋亀吉は「資本王国の財産調べ」というレポートを連載していたが（その後『日本財閥の解剖』という本になった）、そこで高橋は、「安田」は「三井」「三菱」に比べて自己資本がはるかに小さい、しかしその金融資本が巨大なので、この二つに次ぐ資本王国に位置づける、つまり三大グループの一つとしたうえで、安田の特徴をこう指摘した（昭和四年一二月号）。

「安田王国の人的陣立ての特質は、三井、三菱と違って大番頭の手に経営の実権が握られていないことだ。〈安田善…〉と称する一族の面々は、決して大殿様で納まっておらず、命令もすれば、細かなところまで種々口を出して番頭任せにしておかない。安田生命の善五郎などその代表的なものだ」

当時安田生命の社長だった善五郎（初代善次郎の三男。このとき四四歳）は、温厚な兄弟と違って精悍で議論好きで、株主総会でするどい質問を受けても、ビクともしなかったという。

ところで高橋亀吉は、右の特質を欠点であるとも判断して、次の感想を付け加えた。

「総じて安田王国には、いまだ三井のように優秀な番頭や手代が揃っていない。これが安田王国の欠点だった。かくて最近、高橋（是清）、森（広蔵）、四条（隆英）等の人材輸入を見たのであるが、彼らの指導によって、どれだけこの欠点が補われるかが見ものだ」

解体命令前に財閥を自主解散

しかし、その後の安田グループに、外部から輸入された人材が与えた影響は、ほとんど見られない。高橋是清は、犬養内閣[*62]の大蔵大臣を引受けたときに、安田保善社の顧問を辞任した。四条隆英は安田生命、東京火災保険、帝国製麻の社長などを歴任したが、昭和一一年に死去した。安田銀行の副頭取を兼任していた森広蔵は、これを辞任して安田保善社の仕事に専念することになり（昭和一五年）、さらに顧問に退いてまもなくに死去した（昭和一九年）。

経済アナリスト高橋亀吉が指摘した「欠点が補われ」たのは、むしろ安田一族自らの指導力によってだった。

二・二六事件があって岡田内閣の蔵相だった高橋是清が暗殺されたその年、昭和一一（一九三六）年の一〇月二三日に、安田保善社の総長、二代安田善次郎は病を得て急逝した。まだ五八歳の働き盛りだった。その後任に就き、同時に慣例に従って安田銀行頭取にも就任したのが、彼の長男の安田一《はじめ》（明治四〇年生まれ、東京帝国大学文学部卒、このとき三〇歳）である。

安田保善社の新総長は、本来は襲名して善次郎を名乗るはずだった。しかし一《はじめ》はこれを拒否した。その理由を彼はこう語っている（NHK「朝の訪問」昭和三〇年二月二一日）。

善之助（二代善次郎）の長男・安田一（『安田保善社とその関係事業史』から）

「〈安田善次郎〉というものは、われわれ一族にとっての一つの、なんといいますか、象徴としておきたい気持なんです。自分自身がその〈善次郎〉になるなんて、柄《がら》でもなく資格もなく、冒とくするようでいやだったんです」

三代目総長・安田一は、関係銀行会社の幹部を前にした就任挨拶で、安田家伝来の根本精神を次のように強調した（昭和一二年一月）。

「まず第一に、私にあっては、我が安田の美風たる質素勤倹という事を、大いに宣揚せん事を期するものであります。勤倹質素は父祖の遺訓でありまして、いやしくも奢侈に流れてはならないのであって、奢《おご》る平家は久しからずの喩《たと》えもあるごとく、大いに心すべきと信ずる次第であります」

「第二に、事業に当りますには正義を旨とし、いたずらに私利私欲に走らず、専ら正々堂々の行いをもってして、我が安田の名を恥かしめざるよう努めることが肝要かと存じます」

「次に、事業の成果は、実にこれを司《つかさど》る人にあり、業績の次第は、適材適所に在りや否やにかかる所が、まことに大なるものがあると信ずるのであります。そこで、人事を司どるに当りましては公平無私、各人をしてその技能を充分発揮せしむるように、努めなければと思うのであります」

一《はじめ》が安田グループの総師に就任した年、日中戦争が勃発した（七月七日の盧溝橋事件）。以来、日本は戦争への道を進み、軍事生産を最優先する重化学工業中心の経済体制に移行していった。それに従って若手の社員たちから「安田の将来のために軍需工業に進出すべきだ。自分たちも飛行機や戦車や軍艦を造りたい」との声が上がった。しかし、他方で高齢の幹部たちは「これまでどおり、安田は金融一本槍で行くべきだ」と、この動きに反対した。

戦時の経済政策に協力して国策の線にそって進みたいと、若手幹部を支持する立場を取りながら、総長の安田一は部内の抵抗派を強引に押さえ込むことはできないでいた。しかし、躊躇が許されないときがやってくる。昭和一六（一九四一）年一二月八日の太平洋戦争突入である。このチャンスを利用して、彼は安田保善社の新体制の改革案を理事会に討り、一挙に決議断行した（昭和一六年一二月三一日）。

その改革とは、簡単にいえば、関係銀行・会社の頭取または社長だった安田一族はその地位を退き、新設する会長職に残るだけにしたうえで、実質的な適任者を社長に据えるというもの。要するに安田一族に経営の第一線から引き下がってもらう、というものだった。

その結果、国家の要請する時局企業への経営と資本参画の体制が整い、終戦までの短い期間ながら、日本鋼管、昭和電工、日本精工といった会社に対して、「安田」は資本を投じたり役員を派遣したりしたのである。

しかし、その三年半後には敗戦を迎えることになり、「安田」は戦争責任を問われる立場に転じた。日本を占領した連合軍総司令部が、「日本の産業の大部分を占めてきた大コンビネーションの解体を促進する」という対日政策を発表したからである（昭和二〇年九月二二日）

安田保善社はいち早く組織の解散に対処し、「特別委員会」を設置（一〇月一日）。総長安田一は「遅かれ早かれ結果は同じなのだから、むしろ先手を打って解散に踏み切ろう」と決断し、右の委員会が作成した自主的解散案を報道機関に発表した（一〇月一三日）。翌日の新聞各紙に載ったその要旨は、次のとおりである。

「安田財閥は、安田銀行をはじめ二〇社の直系会社と二四社の傍系会社を、安田保善社を通じて統轄していたが、この統轄機関を自主的に解散した。財閥のトップを切って解体の方針を決定したものである」

臨時理事会が正式に解散を決定したのは事後のことで、翌一五日だったが、一部の理事は「他の三財閥と違い、ウチは軍需工業を持つことなく、戦争協力ないし戦争による利益の享受はなかった」と発言して解散に反対したという。

財閥解体の実施に関する総司令部の方針は、強圧手段を避けて日本側の自発性に期待するものだった。しかし、安田保善社以外にその動きがなかったため、一五大財閥に事業内容の報告書の提出を命じる一方（一〇月二二日）、政府に日本側の解体計画案を提出させた。政府はこれに応じて「安田案」を基にした計画を提出。総司令部は、その「持株会社解体に関する覚書」を容認し、即日実施を指令した（一一月六日）。かくて、三井、三菱、住友以下全八三社が持株会社に指定され、結局、解体は法律の力で実施されたのである。

安田保善社が正式に解散したのは、昭和二一（一九四六）年九月である。

自主的解散を発表した折に、安田一は、保善社社員を前にして、次のように述べている。

「敗戦後の我国におきましては、帝国（明治）憲法の改正をはじめとし、国内一切の歴史も伝統も再検討の上、多大の革新が逐次断行されつつあることを思えば、今こそ私情をなげ打って一路新生日本の歩みとその歩調を同じくして前進せねばなりません。新生安田の面目を発揮するために、あえて改革を断行致すのです」

「私から申しあげるのは如何かと存じますが、安田こそ時の権勢に阿諛《あゆ》迎合せず……今日の発展を致したのでありまして、安田関係の諸会社は、いわば今しきりに唱導せらるる民主主義経営方針の典型とも言うべきものと、私は確信致しておるのであります。祖父善次郎本来の念願も実にここに在ったことを思い合わせますと、安田の新面目をいよいよ発揮せられ、新生日本の産業界のために貢献せられんことを切望して止みません」

安田善次郎の在世中に実現できなかった事業計画に、実に残念だと思わせる巨大な夢の構想がある。

それは明治四〇（一九〇七）年二月四日、大谷嘉兵衛、原六郎、中沢彦吉、雨宮敬二郎など二〇名の主催者とともに、帝国ホテルに政財界人二〇〇余名を招待して披露し、満場一致の賛成を得たものだった。立川勇次郎、藤岡市助、笠井愛次郎らの立案した事業に「資金援助を含む全面的な支援をするつもりだ」とした「東海道高速電気鉄道計画」である。

その概要は、

一、東京－大阪間に旅客専用の高速電車を走らせる

二、東京府豊多摩郡渋谷村を起点とし、途中停車駅は、神奈川県松田村、名古屋市、三重県亀山町、の三ヶ所。大阪府東成郡野田村までの約四六三キロメートル

三、時速約八〇キロで三〇分ごとに発車し、所要時間は六時間

善次郎は必要資金を一億円とみて、これを安田単独の事業として実施すれば、竣工には「五年間の時間を見込めば必ず成功する。その上で政府が買上げるならば、その条件は問わない」とこ

の計画を語った。

同年二月九日、善次郎は逓信大臣（山縣有朋）宛てに敷設仮免許状申請書を提出した。しかし、三月一日、「聞届け難し」として却下された。当時最も収益の大きかった東海道本線に新線を並行させれば、国鉄の営業を脅かし、「鉄道国有法」でも、私鉄とは「一地方の交通を目的とする鉄道」と規定されているから、というのがその理由だった。

東海道新幹線が開通したのは、それから半世紀後である。


安田善次郎の墓は東京都文京区の護国寺にある。しかし、ここには墓石が三個もあるのに、どれにも善次郎個人の名前は刻まれていない。同じ大きさで横に並ぶその三個の表面に刻まれているのは、「安田家類代之墓」という同一文字である。

中央のそれは「同家」の、左は「分家」の、右は「類家」の墓を意味している。そしてこれらの前面には、安田一一家のための一一個の花台が据えられている。

61 藤原鎌足家につながる四条家の分家、元貴族院議員・四条隆平《たかとし》の養子になって家督を相続した。帝大法科卒業後農商務省に入り、商工省の次官をつとめたあと、安田保善社の理事になった。

62 昭和六年三月、政友会総裁犬養毅を首相に組閣された。しかし、荒木貞夫陸相の政権を求める海軍将校らによるクーデタ（五・一五事件）で翌年の五月に犬養が暗殺され、総辞職した。

安田家　家系図

【本人関連系図】

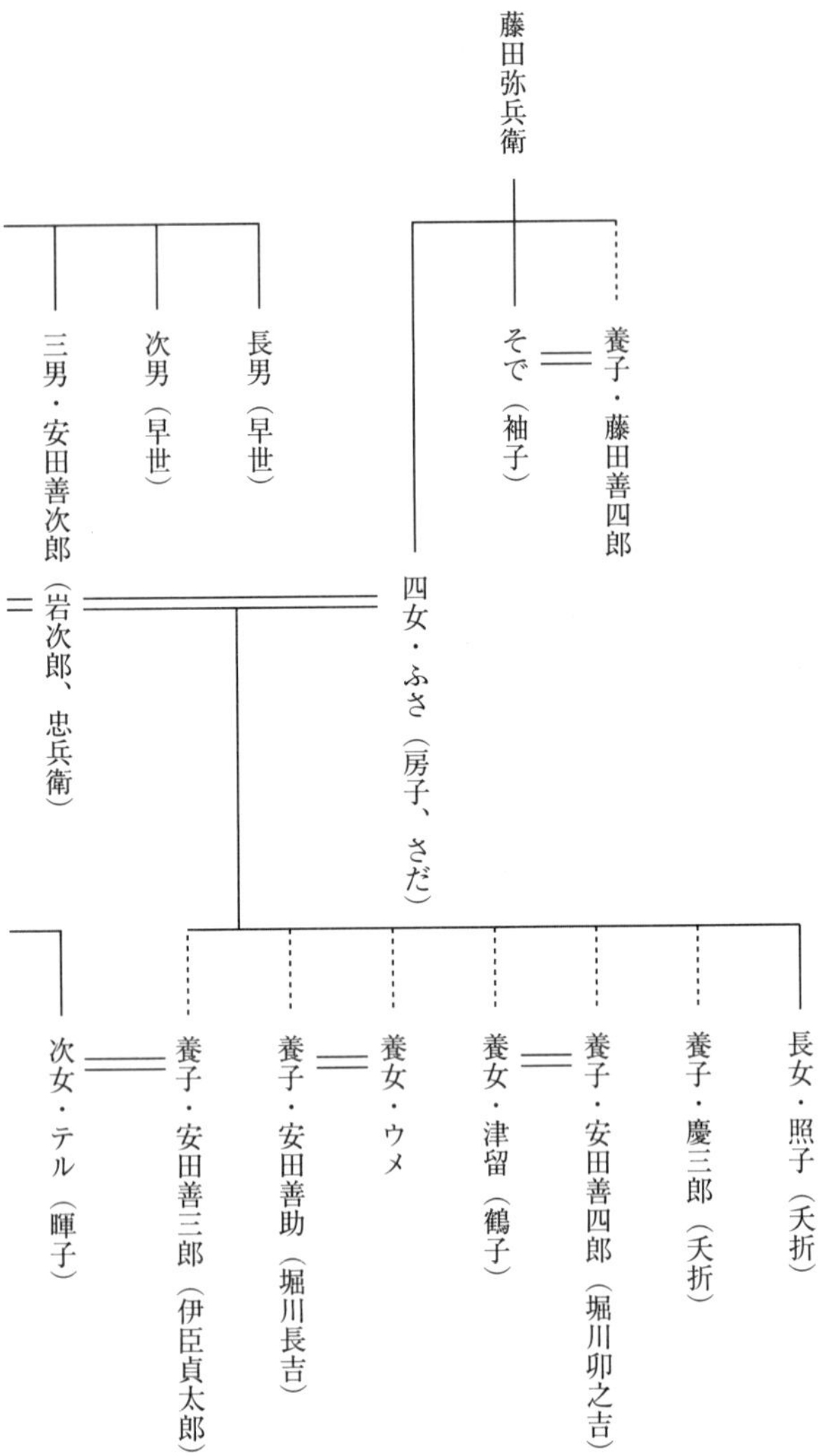

藤田弥兵衛
養子・藤田善四郎
そで（袖子）
四女・ふさ（房子、さだ）
長男（早世）
次男（早世）
三男・安田善次郎（岩次郎、忠兵衛）
長女・照子（夭折）
養子・慶三郎（夭折）
養子・安田善四郎（堀川卯之吉）
養女・津留（鶴子）
養女・ウメ
養子・安田善助（堀川長吉）
養子・安田善三郎（伊臣貞太郎）
次女・テル（暉子）

父・安田善悦
＝母・千代

四男（早世）
次女・ツネ（常子）＝安田（太田）弥五郎
三女・ブン（文子）＝井上兵蔵
四女（早世）
五女・清子（せい）＝安田忠兵衛（河上戻太郎）
六女（早世）
養子・安田（岩瀬）善三郎

フデ（筆子）

長男・善之助（二代安田善次郎）＝伯爵・酒井忠宝――銕子
三女・ミネ（峯子）＝安田善四郎長男 二代安田善四郎（善吉）
次男・真之助（夭折）
三男・善五郎（三郎彦）＝本尾敬三郎――孝子
四男・安田善雄（小六郎）＝法学博士 渡辺廉吉 ふみ（文子）

【長男善之助関連系図】

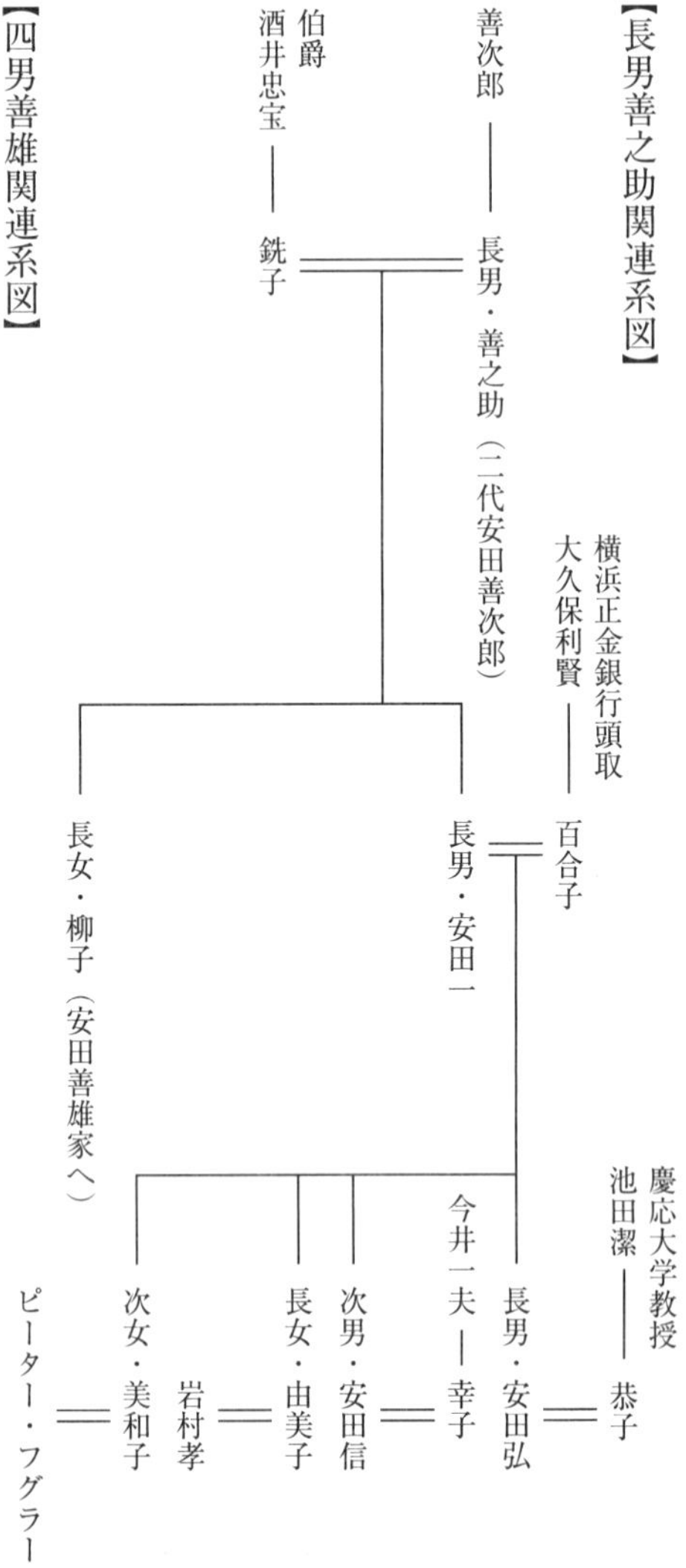
善次郎
長男・善之助（二代安田善次郎）
伯爵
酒井忠宝
銑子
横浜正金銀行頭取
大久保利賢
百合子
長男・安田一
長女・柳子（安田善雄家へ）
慶応大学教授
池田潔
恭子
長男・安田弘
今井一夫
幸子
次男・安田信
長女・由美子
岩村孝
次女・美和子
ピーター・フグラー

【四男善雄関連系図】

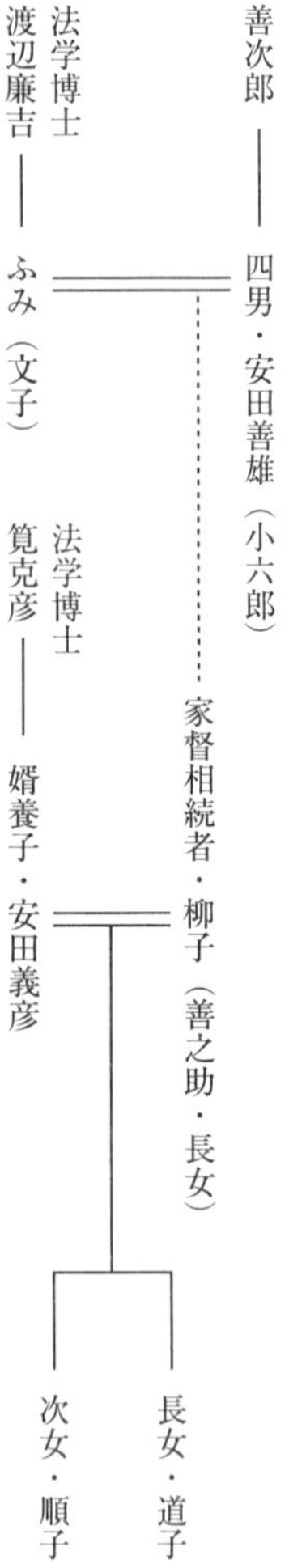
善次郎
四男・安田善雄（小六郎）
法学博士
渡辺廉吉
ふみ（文子）
家督相続者・柳子（善之助・長女）
法学博士
筧克彦
婿養子・安田義彦
長女・道子
次女・順子

【次女暉子関連系図】

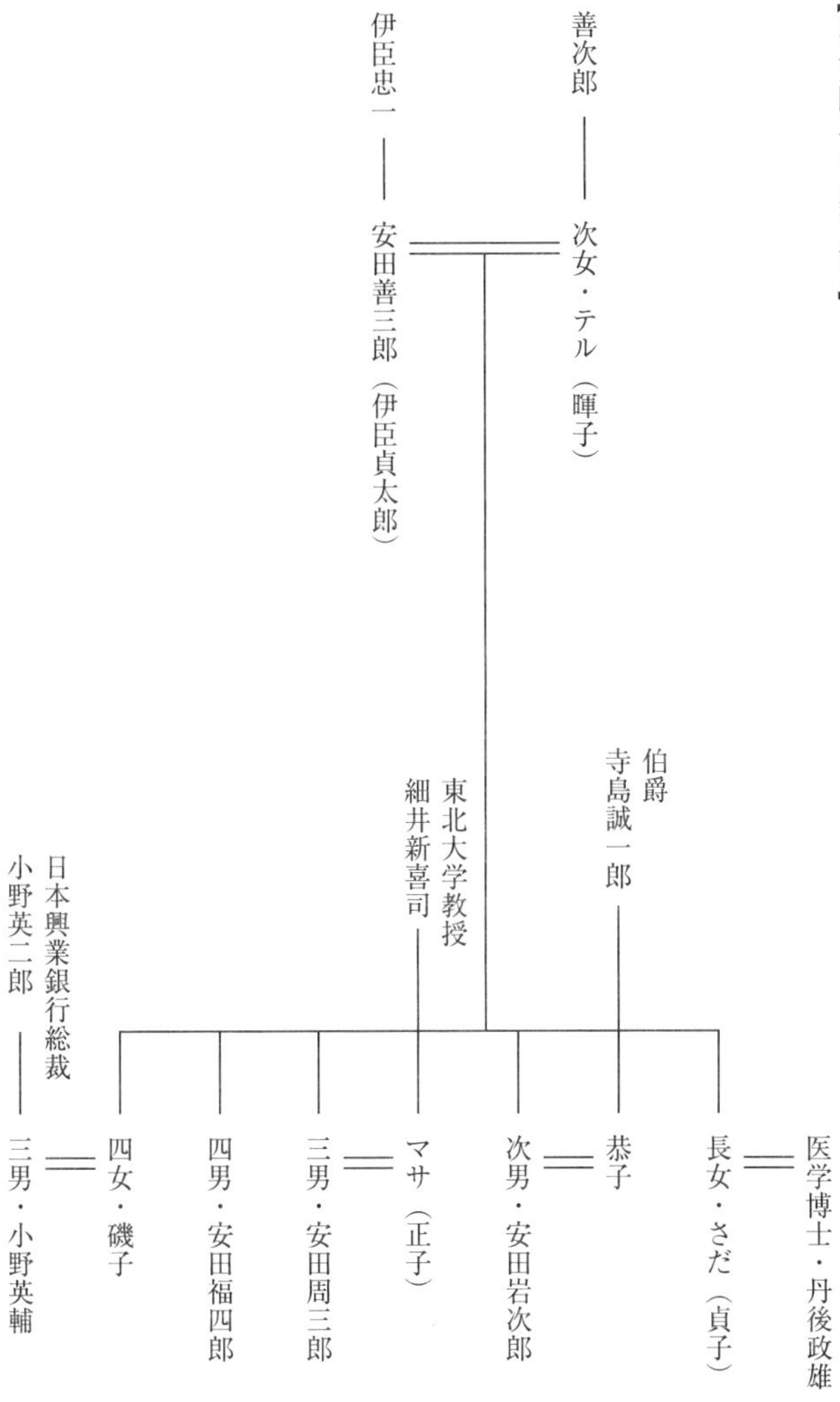
善次郎
次女・テル（暉子）
伊臣忠一
安田善三郎（伊臣貞太郎）
伯爵
寺島誠一郎
東北大学教授
細井新喜司
日本興業銀行総裁
小野英二郎
医学博士・丹後政雄
長女・さだ（貞子）
恭子
次男・安田岩次郎
マサ（正子）
三男・安田周三郎
四男・安田福四郎
四女・磯子
三男・小野英輔

【三男善五郎関連系図】

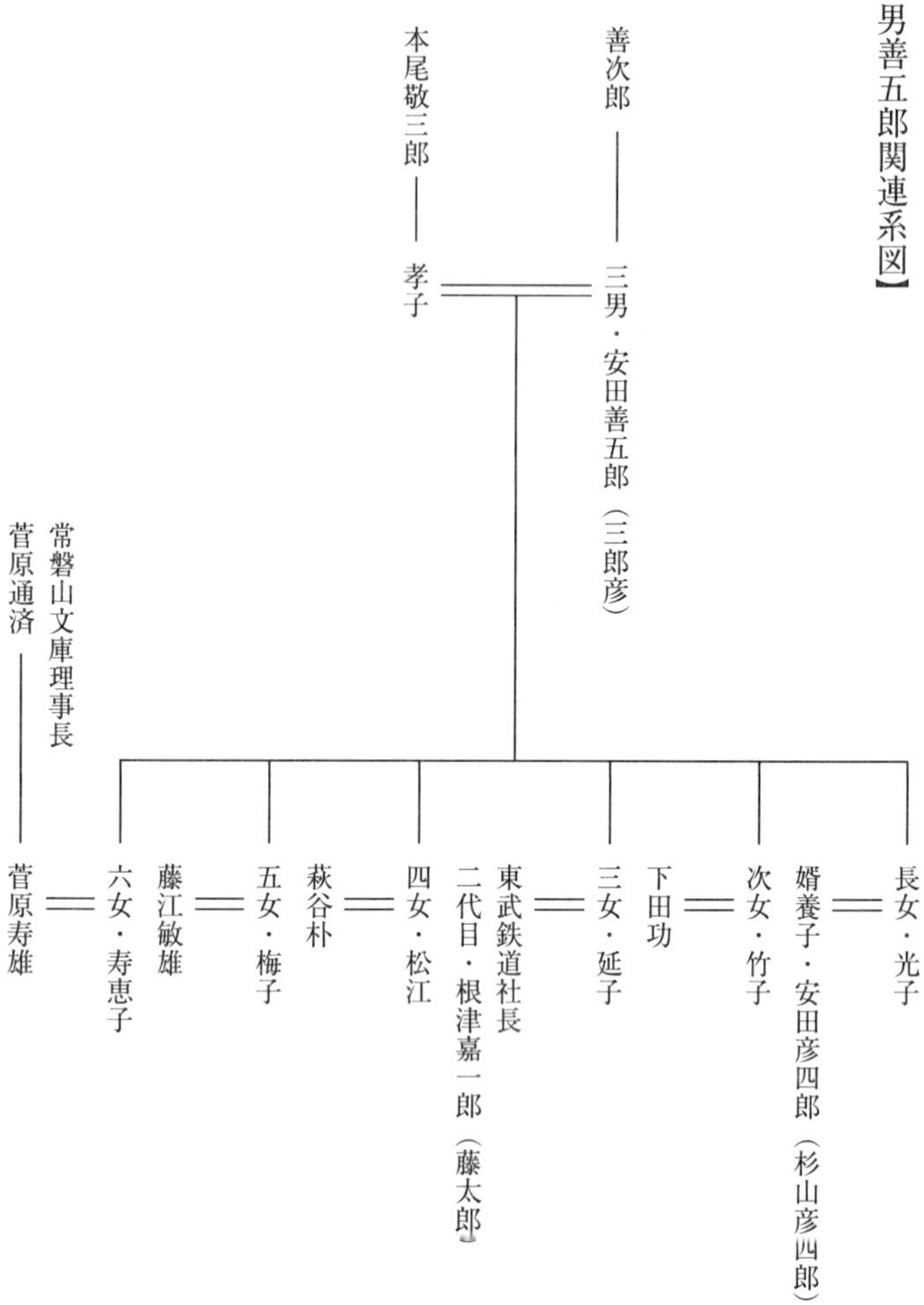

善次郎
三男・安田善五郎（三郎彦）
本尾敬三郎
孝子
長女・光子
婿養子・安田彦四郎（杉山彦四郎）
次女・竹子
下田功
三女・延子
東武鉄道社長
二代目・根津嘉一郎（藤太郎）
四女・松江
萩谷朴
五女・梅子
藤江敏雄
六女・寿恵子
常磐山文庫理事長
菅原通済
菅原寿雄

【三女ミネ・養子善四郎関連系図】

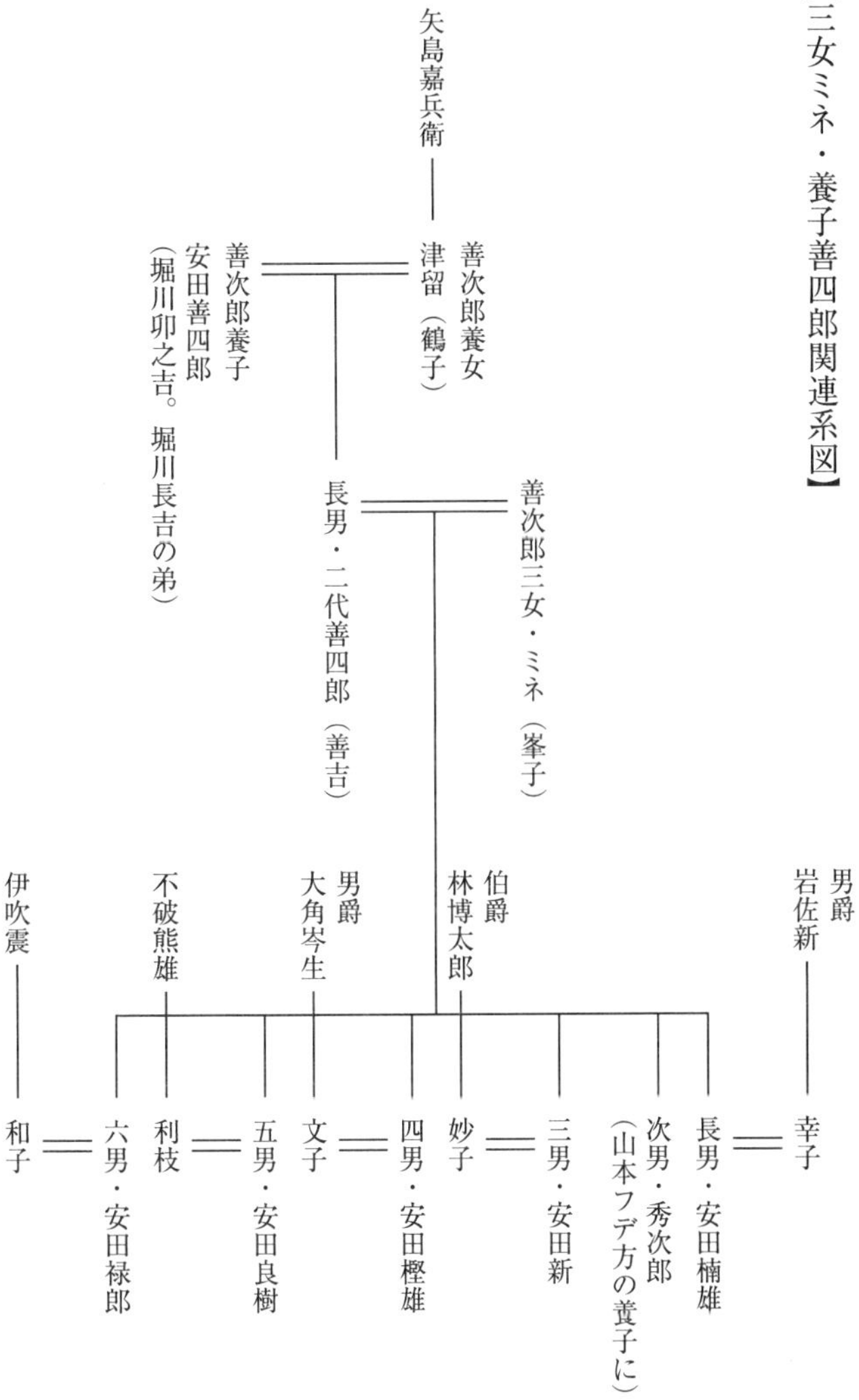

矢島嘉兵衛
善次郎養女
津留（鶴子）
善次郎養子
安田善四郎
（堀川卯之吉。堀川長吉の弟）
善次郎三女・ミネ（峯子）
長男・二代善四郎（善吉）
男爵
岩佐新
幸子
長男・安田楠雄
次男・秀次郎
（山本フデ方の養子に）
三男・安田新
伯爵
林博太郎
妙子
四男・安田樫雄
男爵
大角岑生
文子
五男・安田良樹
不破熊雄
利枝
六男・安田禄郎
伊吹震
和子

【義姉・藤田そで関連系図】

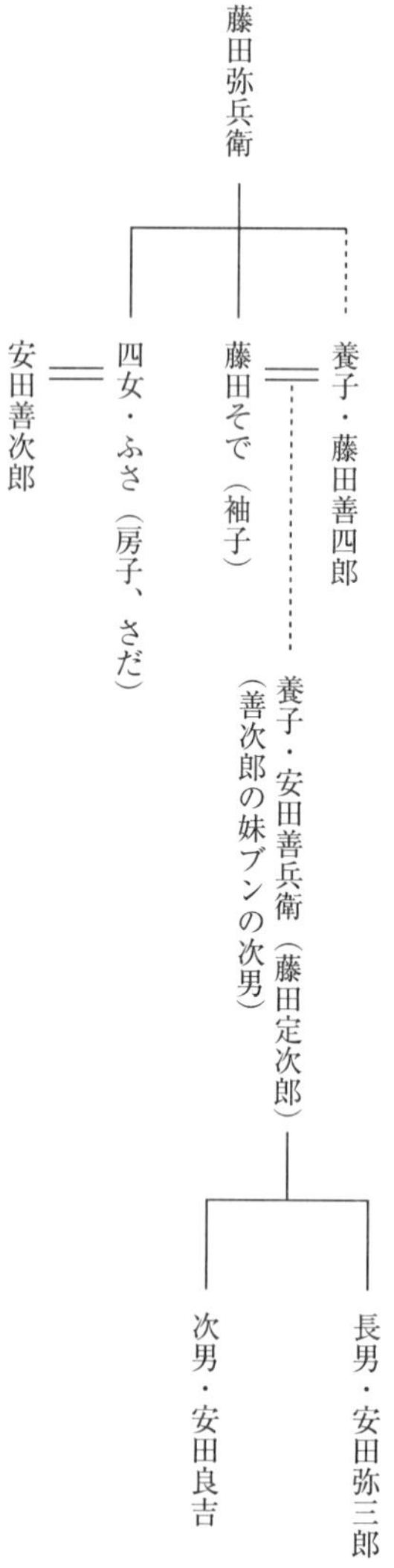

【養子善助関連系図】

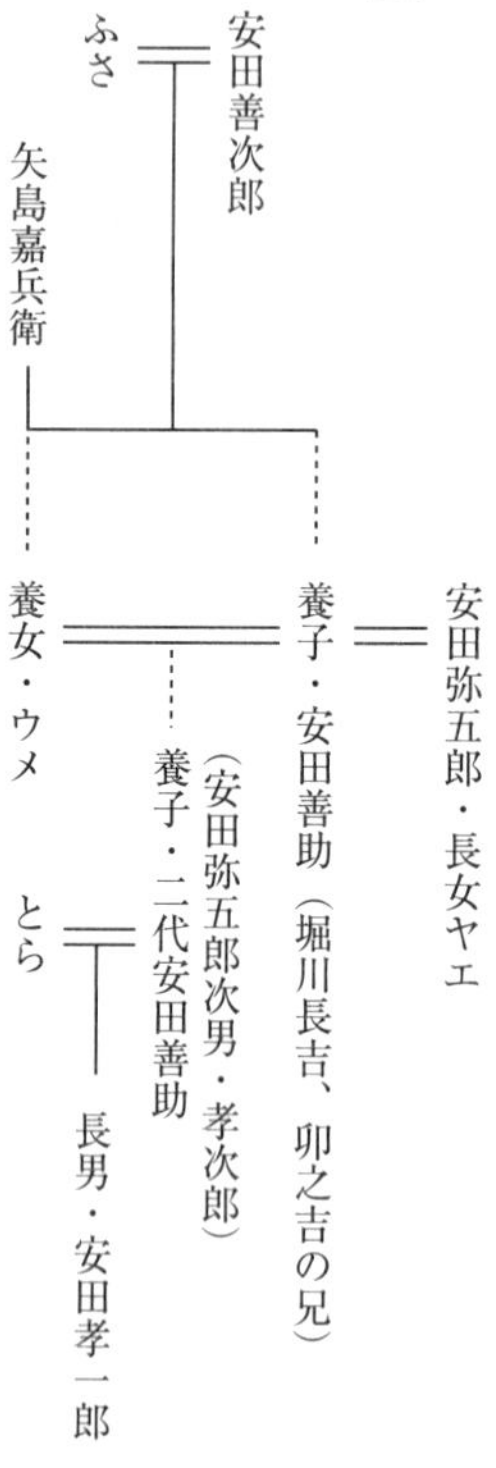

【妹　清子関連系図】

善悦五女 妹・清子（せい） ＝ 安田忠兵衛（河上房太郎）

- 養子・安田善弥（安田弥五郎・長男） ＝ マス
- 長男・政太郎
- 次男・安田善衛（芳次郎） ＝ てる（暎子）
  - 長男・安田忠雄
  - 次男・安田忠治郎 ― 安田武夫
- 長女・千世 ＝ 婿養子・安田善八郎
  - 長男・安田一雄
  - 次男・二代安田善八郎（次郎）
- 三男・二代安田善弥（兵三郎） ＝ 幸代

【妹　ブン関連系図】

善悦三女 妹・ブン（文子） ＝ 井上兵蔵

- 長男・安田善彦（井上菊太郎） ＝ もと
  - 長男・安田彦太郎
- 次男・定次郎（善次郎の妻の姉の藤田家へ）

【妹　ツネ関連系図】

善悦次女 妹・ツネ（常子） ＝ 安田弥五郎（太田弥五郎）

- 長男・善弥（準之助）（安田忠兵衛の養子に）
- 長女・ヤエ（善助の後妻に）
- 次男・孝次郎（初代善助の養子に。二代善助）
- 次女・ハル
- 婿・安田善造（為三） ＝ 三女・ハツ

〜安田善次郎・ゆかりの地〜

「安善駅」・・・・・・ＪＲ鶴見線の駅。神奈川県横浜市鶴見区にある。

「旧安田庭園」・・・・・ＪＲ総武線及び都営地下鉄大江戸線両国駅から徒歩５分。
東京都墨田区横網１丁目。

「旧安田邸別荘」・・・・・ＪＲ東海道本線大磯駅から徒歩５分。大磯町大磯496
（年に一度一般公開している）

「護国寺」・・・・・・安田善次郎の墓がある。東京都文京区大塚５丁目。東京メトロ有楽町線
護国寺駅からすぐ。

「安田講堂」・・・・・・東京都文京区。東京大学本郷キャンパスの中にある。

砂川幸雄（すながわ・ゆきお）
一九三六年、北海道釧路生まれ。東京教育大学文学部卒業。
著書『建築家吉田五十八』（一九九二）『製陶王国をきずいた父と子』（二〇〇〇）『運鈍根の男――古河市兵衛の生涯』（二〇〇一）（以上、晶文社）『浮世絵師又兵衛はなぜ消されたか』（一九九五）『大倉喜八郎の豪快なる生涯』（一九九六）『中上川彦次郎の華麗な生涯』（一九九七）『森村市左衛門の無欲の生涯』（一九九八）『藤田伝三郎の雄渾なる生涯』（一九九九）（以上、草思社）『第一回ノーベル賞候補・北里柴三郎の生涯』（二〇〇三、NTT出版）『直訴は必要だったか――足尾鉱毒事件の真実』（二〇〇四、勉誠出版）ほか。

金儲けが日本一上手かった男　安田善次郎の生き方

二〇〇八年四月二二日　初版第一刷発行

著者　砂川幸雄
ブックデザイン　渡邊正
本文デザイン・DTP　明昌堂
発行者　木谷仁哉
発行所　株式会社ブックマン社
千代田区西神田三-三-五　〒一〇一-〇〇六五
電話　〇三・三二三七・七七七七
http://www.bookman.co.jp
印刷・製本：図書印刷株式会社

ISBN 978-4-89308-685-3
定価はカバーに表示してあります。乱丁・落丁本はお取替えいたします。